AF347217

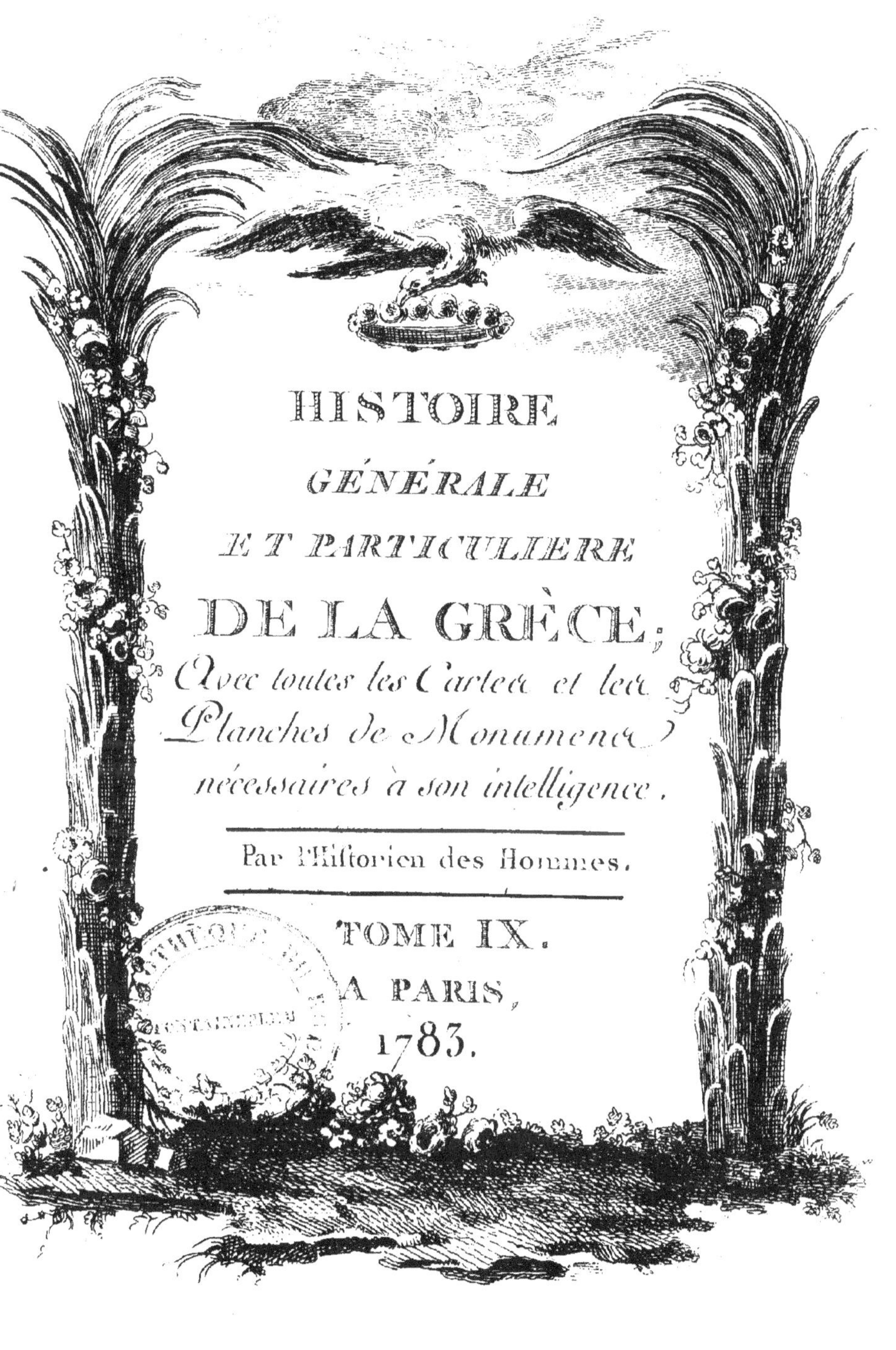

HISTOIRE

GÉNÉRALE

ET PARTICULIERE

DE LA GRÈCE;

Avec toutes les Cartes et les Planches de Monumens nécessaires à son intelligence.

Par l'Historien des Hommes.

TOME IX.

A PARIS,
1783.

HISTOIRE

DE

LA GRÈCE.

TYRANNIE

D'ALEXANDRE DE PHÈRES.

CONQUÉTE DE SES ETATS

PAR PÉLOPIDAS.

Depuis qu'Athènes & Lacédémone, à force de lutter entr'elles, s'étaient affaiblies, & avaient perdu une partie de leur prépondérance dans la Grèce , diverſes Puiſſances du ſecond ordre, avaient tenté de les ſupplanter. La Theſſalie , ſur-tout, à l'époque où nous ſommes , ſortait de l'obſcurité où elle avait langui depuis la guerre de Troye. Du ſein de Phères , une de ſes métropoles , était ſorti un ambitieux à grand caractère , qui après avoir uſurpé le pouvoir ſuprême dans ſa patrie , avait acheté , par ſon génie & par ſes exploits , le titre de Généraliſſime de tous les peuples de la Theſſalie. Déja il avait raſſemblé une armée de vingt mille fantaſſins péſamment armés , & de huit mille chevaux , avec laquelle il ſe propoſait de donner la loi au Péloponèſe , lorſque des Républicains conſpirèrent contre lui & l'aſſaſſinèrent.

Le coup qui frappa le tyran de Phères , ne renverſa pas ſon trône. Polydore & Polyphron , frères de Jaſon , furent nommés pour lui ſuccéder. Le dernier , pour régner ſeul , tua ſon Collègue , & périt , à ſon tour , de la main de ſon neveu

Alexandre, charmé de voiler, du prétexte de venger un père, son projet coupable d'asservir Phères & toute la Thessalie.

La Grèce entière, à cette époque, se taisait devant Thèbes. Les peuples de la Thessalie, opprimés par Alexandre, s'adressèrent à cette Puissance dominante, & lui demandèrent un Général & des soldats. Comme Épaminondas était alors occupé à pacifier le Péloponèse, Pélopidas se chargea de l'expédition; il vint, avec une armée accoutumée à vaincre les Spartiates, s'empara de Larisse, conquit une partie de la Thessalie, & obligea le tyran à venir recevoir, à ses pieds, les loix de sa République.

Cet Alexandre de Phères avait une ame pétrie de fiel & de sang, comme les Cambyses & les Phalaris. Lorsqu'il eut assassiné son oncle Polyphron, il couronna de festons & de bandelettes, le poignard qui lui avait servi à cet attentat, & *lui sacrifia, comme à un Dieu,* dit le Philosophe de Chéronée; on sent ce que les peuples doivent attendre d'un tyran qui divinife un poignard employé à un régicide.

Le préfage finiftre fut rempli. En effet, Alexandre, quand un citoyen lui faifait ombrage, ordonnait qu'on l'enterrât tout vif; au milieu de fes orgies licentieufes, il faifait couvrir les hommes qui lui déplaifaient, de peaux d'ours ou de fangliers, enfuite il lâchait contre eux fes chiens de chaffe, qui les déchiraient à belles dents. La plus grande faveur qu'il faifait alors à fes victimes, était de hâter leur mort, en les perçant à coups de flèches.

La fureur de ce tigre couronné, s'exerçait quelquefois fur des nations entières. On cite Mélibée & Scotufe, deux villes de Theffalie, qui ayant encouru fon reffentiment, pour des motifs affez peu importans pour que l'hiftoire les ait paffés fous filence, en éprouvèrent une vengeance atroce. Le tyran convoqua, dans leurs places publiques, une affemblée nationale, & pendant qu'on délibérait en paix, il fit inveſtir la multitude par ſes gardes, qui égorgèrent, devant lui, toute la jeuneſſe.

Cet Alexandre avait toute la franchiſe de la ſcélérateſſe qui n'a plus de frein. On repréſentait, devant lui, la Troade d'Euripide ; il ſortit avant le dénouement, & comme l'Acteur qui jouait le principal rôle, craignait de l'avoir mal rempli, le tyran lui fit dire que ſon jeu ne lui avait point déplu, mais qu'il avait eu honte de s'attendrir, devant ſes concitoyens, des malheurs d'une Hécube ou d'un Andromaque, lui, qui n'avait jamais verſé une larme, à la vue du ſang innocent qu'il avait fait répandre.

Tel était le deſpote auquel Pélopidas vainqueur, donna des loix. Ce héros, quoiqu'inſtruit de ſes crimes, ne déſeſpéra point de la nature humaine, & tenta de l'amener, par la vue de ſon intérêt, à faire le bonheur de ſes peuples ; malheureuſement les ſcélérats, quand ils ont une fois goûté du pouvoir abfolu, ne ceffent, qu'en mourant, d'écrafer l'efpèce humaine. Alexandre ne fe corrigea, ni de fes débauches, ni de fa cruauté; & comme Pélopidas le menaça de venger la Theffalie, dans la crainte d'être détrôné, il fe déroba, avec fes gardes, & fe fauva dans une de fes citadelles. Le héros de Thèbes fut appellé, à cette époque, dans la Macédoine, pour être arbitre entre deux Rois qui fe difputaient la couronne, & il abandonna le tyran de Phères & fes peuples à leur deftinée.

LE TYRAN DE PHÈRES

FAIT ARRÊTER PÉLOPIDAS.

EPAMINONDAS LE DÉLIVRE.

PÉLOPIDAS pacifia la Macédoine, encore plus heureusement que la Thessalie ; on lui donna, pour ôtages, trente enfans des plus grandes familles de la nation, parmi lesquels était Philippe, père d'Alexandre le grand, & il revint, avec eux, à Thèbes, jouir du fruit d'une modération qui, aux yeux d'une raison supérieure, l'élevait encore plus que ses victoires.

Dès l'année suivante, les villes de Thessalie renvoyèrent des hommes de poids à Thèbes, pour se plaindre de la tyrannie d'Alexandre de Phères. Pélopidas partit avec Isménias, pour consommer son ouvrage ; mais afin d'épargner le sang des peuples, il ne prit, comme son collègue, que le titre pacifique d'Ambassadeur; il pensait que, dans un pays encore plein de sa gloire, son nom valait une armée.

Le héros apprit en route que les troubles renaissaient en Macédoine, à l'occasion de la mort de Perdiccas, tué dans une bataille. Il leva, à la hâte, quelques troupes mercenaires qui le trahirent, alors, pour se venger de leur perfidie, se mettant à la tête d'un petit nombre de cohortes que lui avaient envoyées les villes libres de la Thessalie, il marcha vers Pharsale, où les traîtres avaient leurs femmes, leurs enfans & l'or, fruit de leurs brigandages. Quand il fut aux pieds des remparts, Alexandre de Phères parut, à la tête d'une armée; Pélopidas crut que ce Prince venait se justifier des plaintes de ses peuples, &, prenant le rôle pacifique d'Ambassadeur, il vint, sans gardes, au-devant de lui, avec son collègue Isménias. Mais il n'y a point de droit des gens pour les

tyrans. Alexandre fit mettre les Ambaf-
fadeurs de Thèbes dans les fers, & s'empara de Pharfale.

L'illuftre captif, dès le lendemain de
fa détention, fut conduit à Phères, &
les premiers jours, tout le monde eut la
liberté de le voir, le tyran, voulant par
le fpectacle de fon malheur, humilier fa
fierté. Mais Pélopidas, dans les fers,
parut plus grand encore que fur les champs
de bataille; quand il voyait autour de
lui quelques fatellites d'Alexandre, chargés
d'étudier fon ame & d'interpréter jufqu'à
fon filence, il mettait encore plus de
courage dans fa franchife. *L'imprudent,*
difait-il, *il fait mourir tous les jours des
citoyens tranquilles, qui refpecteraient fon
trône & fa vie; & moi, il m'épargne!
moi, qui du moment où je ferai libre, lui
ferai porter la peine de fes perfidies!*

On rapporta ce trait au tyran de Phères.
L'infenfé, s'écria-t-il, *comme il fe préci-
pite au devant de la mort!* Pélopidas le
fut, & dit devant fes gardes : *Oui, je*

brûle de mourir, mais c'eſt pour hâter le ſupplice de l'ennemi des Dieux & des hommes.

Alexandre vit bien qu'il avait mal apprécié l'ame de ſon captif, en la jugeant par la ſienne. Il craignit qu'une fierté auſſi républicaine, ne mît le poignard à la main de ſes peuples aſſervis, & il défendit à tout le monde de lui parler. Pélopidas, ſeul dans ſa priſon, vit qu'il ne lui reſtait plus qu'à mourir.

Cependant, le bruit du courage de Pélopidas, avait pénétré juſques dans le ſerrail d'Alexandre. Thébé, femme de ce Prince & fille de Jaſon, l'ancien tyran de Phères, fut curieuſe de connaître cet illuſtre captif, & ſollicita la permiſſion de l'entretenir dans ſon cachot. Le tyran aimait Thébé, ſi cependant un tyran peut aimer l'être dont il ſe défie ; car il n'entrait jamais dans ſon appartement, que précédé d'un eſclave qui tenait une épée nue à la main, & qui viſitait les réduits les plus cachés, pour voir s'il ne s'y trouvait ni poifon ni poignard. Il confentit que Thébé fatisfît fa curiofité, pourvu que le fruit n'en fût pas une admiration qu'il jugeait criminelle.

Thébé était femme, dit Plutarque; à la vue de Pélopidas défait, mal vêtu & fes cheveux en défordre, le grand homme lui échappa; cependant comme elle avait le cœur fenfible, elle ne put s'empêcher de verfer des larmes fur un pareil fpectacle. *Infortuné, s'écria-t-elle, que ta femme eft à plaindre. — Non,* répond Pélopidas, *je ne vois à plaindre que la femme d'Alexandre, qui fouffre un monftre tel que lui, fans être fa captive.* Ce mot terrible fit une impreffion profonde fur l'efprit de Thébé, & de ce moment, fon époux lui devint plus odieux que jamais.

Cependant les Thébains, inftruits de la détention de leur Héros, s'armèrent pour le venger. Malheureufement ils envoyèrent, contre le tyran de Phères, des Généraux fans talens & fans courage, qui fe laifsèrent battre, & appefantirent par-là les fers de Pélopidas. Epaminondas fervait alors, en qualité de fimple volontaire, dans l'armée vaincue. Les foldats, voyant l'incapacité de leurs chefs, le forcèrent à prendre le commandement. Ce grand homme répondit à l'attente publique ; il exécuta, à la vue d'une armée formidable & triomphante, une retraite glorieufe, qui valait une victoire.

On s'étonne comment Epaminondas, libre, & dans une expédition où il s'agiffait du falut de fon ami, n'avait pas été mis d'abord à la tête de l'armée Thébaine. Mais fa patrie était mécontente de ce que, dans une rencontre, près de Corynthe, ayant l'avantage fur les Spartiates, il s'était contenté de triompher d'eux fans les paffer tous au fil de l'épée : elle le puniffait, en le fubordonnant à fes inférieurs, de ce qu'il avait été homme, lorfqu'une politique cruelle lui défendait de l'être.

Thèbes, à la vue des débris de l'armée qu'elle avait envoyée à la conquête de la

Theſſalie, conçut qu'une République ne peut, ſans ſe punir elle-même, mortifier ſes grands hommes. Elle condamna à une forte amende les Généraux vaincus, & fit Epaminondas chef de la nouvelle expédition qu'elle méditait contre Alexandre.

Du moment qu'Epaminondas parut en Theſſalie, les affaires changèrent de face. Le tyran de Phères ſe vit abandonné de ſes propres troupes, & les villes, qu'il écraſait de ſon deſpotiſme, ouvrirent leurs portes aux Thébains. Le héros, cependant, qui craignait de réduire ſon farouche ennemi au déſeſpoir, & d'accélérer ainſi la perte de Pélopidas, retint l'impétuoſité de ſes ſoldals, & traîna la guerre en longueur. L'évènement juſtifia ſa prudence. Alexandre, craignant d'être détrôné, rendit Pélopidas au conquérant de ſes Etats, & obtint, à ce prix, que les Thébains abandonneraient la Theſſalie.

BATAILLE DE CYNOCÉPHALE,

ET

MORT DE PÉLOPIDAS.

Les défaftres ne corrigent jamais le pouvoir abfolu de fes fautes. Alexandre, dès qu'Epaminondas fut dans Thèbes, appefantit le joug de fes peuples, attenta à la liberté des villes qui étaient encore indépendantes, & mit, en particulier, garnifon dans celles des Magnéfiens, des Achéens & des Phthiotes. La Theffalie, qui n'avait que le demi-courage des Etats nouvellement fubjugués, ne fe fiant pas à fes propres forces, eut, de nouveau, recours à la Puiffance prépondérante de la Grèce. Thèbes lui envoya Pélopidas & une armée.

Le jour du départ des troupes Thébaines, il y eut, dit-on, une éclipse totale & centrale du soleil pour le Péloponèse ; les soldats épouvantés, prirent ce phénomène pour un présage siniftre, & refusèrent de marcher. Alors Pélopidas se contenta de se faire suivre de trois cents hommes de cheval, qui croyaient plus à la physique qu'à la superstition augurale, &, malgré les Devins, il prit la route de Theffalie.

Pélopidas, arrivé à Pharsale, vit sa petite armée groffie par les amis de la liberté qui se trouvaient encore en Theffalie. Cependant, son infanterie était inférieure du double à celle d'Alexandre ; ce qui ne l'empêcha pas de se mesurer avec lui en bataille rangée : quand on vint lui annoncer que le tyran venait à sa rencontre jufqu'au temple de Thétis, & que la plaine était couverte de ses soldats, *tant mieux*, répondit le héros de Thèbes, *nous en battrons un plus grand nombre*.

Le combat se donna à Cynocéphale.

La valeur, comme on s'en doute bien, l'emporta sur le nombre, & les Thébains furent vainqueurs. Au moment où les troupes d'Alexandre commençaient à plier, Pélopidas, qui avait à venger sa longue captivité, abandonnant le soin de sa vie, pour arracher celle du tyran, se jette au milieu des bataillons ennemis pour chercher sa victime. Alexandre, lâche comme le font d'ordinaire tous les tyrans, au lieu de répondre au défi, se sauve au centre du bataillon de ses gardes, & Pélopidas, que sa bravoure aveugle sur sa témérité, couvert du sang des ennemis & du sien, avant d'atteindre le monstre qu'il provoque, expire couvert de blessures.

Les Thébains ne s'apperçurent que tard du danger de leur Général ; lorsqu'ils vinrent à son secours, il n'était plus. Il ne leur restait qu'à venger la mort de ce grand homme, & ils le firent avec cette phrénésie que le droit de la guerre autorise. Aucun des soldats d'Alexandre n'obtint de quartier, & la plaine fut jon-chée de leurs cadavres.

C'est ainsi que le libérateur de Thèbes perdit une vie qu'il pouvait rendre encore long-tems utile à la patrie. Sa témérité, toute héroïque qu'elle paraissait, fut assez universellement désapprouvée dans l'antiquité. *Il y a bien de la différence*, disait à ce sujet le grand Caton, *entre estimer la vertu, & mépriser la vie;* mot plein de sens & de vérité, qui affaiblit un peu, aux yeux de la Raison, la grande renommée des Achille, des Alexandre & des Charles XII.

Les devoirs des Généraux me semblent tracés, d'une manière sublime, dans une épitaphe de quelques héros Spartiates, que Plutarque nous a conservée : *Ici repose la cendre de plusieurs guerriers que la patrie regrette. Ils sont morts quand il le fallait, persuadés que le bonheur ne consiste ni à vivre, ni à mourir, mais à faire l'un & l'autre avec gloire.*

Pélopidas, malgré le crime de sa mort,

fut univerſellement regretté. Ce tableau de la douleur publique, telle que l'Hiſtoire nous l'a tranſmis, eſt la plus belle oraiſon funèbre dont on puiſſe honorer la mémoire de ce grand homme. Les vainqueurs de Cynocéphale, apprenant que leur Général venait d'être tué, ne ſongèrent ni à bander leurs plaies, ni à ſe déſarmer ; ils accoururent en foule auprès des reſtes inanimés de ce héros, entaſſèrent à l'entour les dépouilles des ennemis, coupèrent leur propre chevelure, & ne ſongèrent qu'à lui ériger le plus glorieux des trophées. De retour dans le camp, perſonne ne s'occupa à dreſſer ſa tente, ou à préparer ſon repas ; un vaſte ſilence régnait dans toute cette armée, & on aurait dit que Thèbes, toute entière, venait d'être vaincue à Cynocéphale.

La Theſſalie partagea la conſternation de l'armée de Thèbes : les villes ſentaient qu'avec Pélopidas, elles perdaient l'eſpérance de recouvrer leur liberté, & les derniers élans du courage républicain s'annoncèrent par les funérailles pompeuses qu'on fit de tout côté à cet homme célèbre ; funérailles qui n'avaient que la magnificence de commune avec celles des Cambyfe, des Denys & des autres fléaux de l'efpèce humaine, parce qu'elles n'étaient pas, comme ces dernières, la cataftrophe d'une fanglante tragédie.

Thèbes ne le céda pas à la Theffalie pour la vivacité des regrets. Quand on tranfporta dans cette ville l'urne fatale, qui contenait la cendre de Pélopidas, les Magiftrats, les Prêtres & la jeuneffe entière allèrent, loin des portes, au-devant de cette pompe funèbre, portant des couronnes, des armures d'or & des trophées. Le nom de père de la patrie retentiffait dans toutes les bouches, parce qu'il était dans tous les cœurs. Le Miniftre des Dieux pleurait dans les temples, l'homme d'Etat dans les places publiques, & ce qui caractérifait la vérité de la douleur générale, le fimple citoyen dans le fecret des familles. De telles funérailles valent, sans doute, une apothéose.

Thèbes, après avoir pleuré la mort de Pélopidas, songea à le venger. Elle envoya, en Thessalie, une armée de sept mille hommes de pied & de sept cents chevaux, qui s'approcha jusqu'aux pieds des remparts de Phères. Alexandre, qui avait perdu l'élite de ses soldats à Cynocéphale, ne pouvant tenir la campagne, fut obligé de subir les lois qu'on lui imposa : il retira les garnisons qu'il avait mises dans les villes des Magnésiens, des Achéens & des Phthiotes, & se déclara vassal de la République de Thèbes. L'orgueil du tyran ainsi humilié, les vengeurs de Pélopidas se retirèrent en Béotie.

FIN TRAGIQUE

D'ALEXANDRE DE PHÈRES.

PÉLOPIDAS était vengé : mais Alexandre n'était pas puni ; ce tyran avait à expier les crimes qu'il avait commis contre ses peuples , & ceux qu'il méditait encore. Le coup de poignard , qu'il redoutait , partit de la main qui lui était la plus chère , & le Ciel fut justifié.

Nous avons vu Thébé quitter le lit d'Alexandre, pour aller pleurer dans le cachot de Pélopidas. Ces larmes terribles appellèrent peu à peu la vengeance. A force d'entendre les crïs d'indignation du peuple, qui venaient mourir aux pieds du trône , la femme du tyran se pénétra du dessein hardi d'abattre la tyrannie : outre ce motif généreux de patriotisme , elle avait encore des raisons secrettes de punir l'homme farouche qui s'était jetté dans ses bras. Alexandre, homme sans mœurs, comme sans loi, entretenait publiquement, dans son palais, un Ganymède, & pour avilir davantage sa femme, c'était parmi les frères de cette Princesse qu'il avait choisi cet infâme Ministre de ses plaisirs. De tels outrages, dans un pays que le luxe n'a pas encore dégradé, ne se pardonnent jamais. Thébé conspira contre la vie de son époux, & fit entrer dans le complot ses trois frères, parmi lesquels était, sans doute, le Ganymède.

Il n'était pas aisé d'aborder un homme aussi ombrageux qu'Alexandre ; des satellites nombreux, répandus dans l'intérieur de son palais, répondaient de sa personne sur leur tête. Ce tyran n'était seul que dans l'appartement où il couchait ; encore, comme il se défiait de Thébé jusques dans les caresses outrageantes qu'il lui prodiguait, pour l'empêcher d'introduire des conjurés près de lui, il avait recours à des précautions qui décelaient le trouble de son ame & ses remords. On ne montait dans cet appartement que par une échelle, qu'il retirait lui-même dès qu'il était entré; de plus, un chien, d'une taille monstrueuse, veillait à la porte, & on l'avait accoutumé à s'élancer, malgré ses chaînes, contre tout être qui respirait, excepté contre l'esclave qui lui donnait à manger, contre Thébé & contre Alexandre.

Plus le danger était grand, plus Thébé s'anima à se faire la libératrice de la Thessalie. La nuit fixée pour l'exécution du complot, elle enferme ses frères dans une chambre du palais, où elle pouvait entrer à toute heure, & monte seule dans la tour où reposait Alexandre. Voyant sa victime assoupie, elle sort un moment après, & ordonne à l'esclave d'emmener le Cerbère, sous prétexte que le Roi voulait dormir d'un sommeil tranquille. Ensuite, pour empêcher que l'échelle par où les aſſaſſins devaient monter ne fît du bruit, elle enveloppa, de laine, les échelons. Tout étant ainſi préparé, elle introduit ſes frères, & leur montre, de la porte, le cimeterre du tyran, ſuſpendu à ſon chevet; c'était le ſignal convenu, pour marquer qu'Alexandre dormait, & que les conjurés pouvaient frapper.

Les trois aſſaſſins en étaient à leur premier crime, &, parvenus au haut de l'échelle, le remord les retint, & ils n'oſaient avancer. Thébé va à eux, & les menace d'éveiller le tyran, & de lui révéler tout le complot, s'ils n'achèvent leur ouvrage. Les infortunés, entre deux périls, choiſiſſent alors celui qui ſemble le moins expoſer leur vie, & s'approchent, en tremblant, de leur victime. Pendant que Thébé, les yeux étincelans de fureur, tient la lampe qui doit éclairer cet aſſaſ-ſinat, l'un des conjurés ſaiſit le tyran par les pieds, l'autre le prend par les cheveux, & le dernier enfonce, à pluſieurs repri-ſes, le poignard dans ſon ſein. Quand le

monſtre ne reſpire plus, on jette ſon
cadavre du haut de la tour, le peuple
le foule aux pieds, & ſa rage aſſouvie,
en abandonne les reſtes mutilés aux vau-
tours.

BATAILLE DE MANTINÉE,

ET

MORT D'ÉPAMINONDAS.

EPAMINONDAS furvécut peu au grand homme que fon cœur venait de perdre. Il fut, comme lui, victime de fa bravoure, & comme lui, il trouva la mort au fein de la victoire.

L'Arcadie, depuis quelque tems, était déchirée par des diffentions inteftines : Tégée & Mantinée, fur-tout, deux de fes métropoles, fe faifaient une guerre fanglante. La dernière, ayant appellé Athènes & Lacédémone à fon fecours, fa rivale, pour rétablir l'équilibre, s'adreffa à Thèbes, qui lui envoya Epaminondas & une armée.

Ce fut non loin des murs de Mantinée,

que fe donna la bataille célèbre , où
Thèbes , en achevant d'acquérir la prépondérance fur les Républiques du Péloponèfe , perdit le grand homme qui
la lui avait procurée. Jamais les Grecs
n'avaient encore lutté entr'eux avec des
armées plus nombreufes. Celle de Lacédémone & des alliés était compofée de
vingt mille hommes de pied & de deux
mille chevaux. Les forces de Thèbes
montaient à un tiers de plus.

Xénophon , dans le dernier chapitre
de fon Hiftoire Grecque , nous a donné
les détails de la bataille de Mantinée :
comme les manœuvres favantes d'Epaminondas , qu'il décrit , ont fait l'admiration des hommes de guerre de tous
les fiècles , nous nous y arrêterons un
moment. Ce tableau nous donnera une
idée de la tactique des Grecs , au commencement du fiècle d'Alexandre.

Les Généraux de l'armée de la confédération du Péloponèfe avaient placé ,
à l'aile droite , & fur une même ligne ,

les Mantinéens & les Spartiates ; ils
avaient confié l'aile gauche, toute entière, aux troupes auxiliaires d'Athènes.
Les Eléens & les Achéens, comme la
partie la plus faible, & celle qui devait
avoir le moins de part à l'action, étaient
au centre. Dans l'autre armée, les Thébains & les Arcadiens furent postés à la
gauche, les Argiens à la droite, & le
reste des alliés au centre. Les ailes de
part & d'autre étaient bordées de cavalerie.

Epaminondas fit sa marche dans le
même ordre de bataille où il s'était proposé de combatrre, pour ne point perdre
un tems précieux, en évolutions. Cependant, il n'alla pas de front à l'ennemi.
Comme son projet était de laisser croire
qu'il ne voulait qu'exercer ce jour-là
ses troupes à la manœuvre, il se contenta
de marcher toujours par sa gauche, sur
une colonne, le long des hauteurs, &
quand il se vit à quelques stades des
lignes qui lui étaient opposées, il fit alte,

& ordonna à ſes ſoldats de dépoſer leurs armes. Ce mouvement donna, en effet, le change aux Généraux des confédérés, qui s'amuſèrent à faire tracer l'enceinte d'un camp, laiſſant ainſi refroidir cette première ardeur des troupes, qui décide ſi ſouvent du gain d'une bataille.

Epaminondas, voyant le ſuccès de ſon ſtratagême, fait tout-à-coup un quart de converſion à droite, convertit ſa colonne en ligne, & tirant de cette même colonne les troupes d'élite qu'il avait placées en tête pendant la marche, les replie ſur le front de ſon aile gauche, pour la mettre en état d'attaquer en pointe la phalange de Lacédémone. L'aile droite de l'armée & le centre de bataille avaient ordre, pendant toutes ces évolutions, de rallentir leur marche, afin que le combat ne fût pas engagé par les troupes les moins aguerries. Mais comme les Athéniens, qui formaient l'aile gauche des confédérés, pouvaient venir au ſecours de l'aile droite, & troubler l'attaque

qu'il méditait , il détacha de sa ligne ;
& posta , sur des éminences qui comman-
daient les bataillons d'Athènes , un détachement de cavalerie pour les surveiller
& leur faire craindre d'être pris à-la-fois
en flanc & en queue , s'ils se rompaient
pour secourir la phalange de Lacédémone,
toutes ces dispositions savantes annoncent
un homme consommé dans l'art de la
guerre , & qui méritait , par son génie ,
de commander, peut-être , tous les héros
de l'Iliade.

Epaminondas fit commencer l'action
par sa cavalerie , dans les intervalles de
laquelle il avait mêlé , habilement , des
gens de trait , afin de mettre le désordre
dans les rangs ennemis , avant qu'ils fussent
à portée de se mêler. La faute qu'avait
faite les Généraux des confédérés de donner , à leurs escadrons , autant de profondeur que si c'eût été une phalange ,
acheva de les affaiblir. Cette partie de
l'armée du Péloponèse ne put soutenir le
choc des Thébains ; elle se vit enfoncée ,

& obligée de se replier , en désordre , derrière l'infanterie.

Pendant ce tems - là , Epaminondas s'ébranlait pour tomber sur la phalange de tout le poids de sa colonne. On commença de part & d'autre à combattre avec la demi - pique , ensuite on mit l'épée à la main. La mêlée fut terrible , parce que c'était l'élite des deux armées. Le soldat soit de Thèbes , soit de Lacédémone , aimait mieux périr dans son rang , que de reculer d'un pas. Epaminondas , pour décider la victoire , se met à la tête des hommes les plus déterminés de sa colonne , s'élance avec impétuosité du côté où la mêlée est la plus vive , & du premier coup de javelot qu'il lance , blesse le Général de Sparte : sa troupe de héros , encouragée par ce succès , fait des prodiges de valeur , & vient enfin à bout de rompre la phalange.

C'en était fait de l'armée des confédérés , si Epaminondas , content de cet exploit , ne s'était pas abandonné à une ardeur déplacée dans un Général, & s'il n'avait pas quitté le rôle d'Agamemnon, pour faire celui d'Achille. Les Lacédémoniens rompus, s'appercevant de sa témérité, se rallièrent, derrière lui, & l'enveloppèrent. Alors un d'entr'eux (*a*) lui porta un coup de javeline si terrible, qu'il perça la cuirasse, & entra, avec profondeur, dans la poitrine : comme le bois de cette javeline s'était brisé en traversant l'armure, le fer demeura dans la plaie, & le héros, ne pouvant vaincre la douleur, tomba mourant sur le champ de bataille. Une partie de la colonne accourut à l'instant au secours de son Général, & empêcha l'ennemi de s'en rendre le maître.

Pendant que la phalange de Lacédé-

(*a*) Suivant la tradition Lacédémonienne, ce fut le Spartiate Calliciate, qui priva la Grèce d'un si grand homme. Athènes, de son côté, voulait que ce fût Gryllus, le fils de l'immortel Xénophon.

mone rompue fe retirait, en défordre, la cavalerie Athénienne, inftruite de la bleffure mortelle d'Epaminondas, fe ralliait, chargeait le détachement Thébain, pofté fur les hauteurs pour la furveiller, &, profitant de la fupériorité du nombre, le paffait au fil de l'épée. Ce fut le dernier évènement mémorable de cette journée : auffi-tôt après, les deux armées, comme de concert, donnèrent, en même-tems, le fignal de la retraite.

Les deux partis s'attribuèrent quelque tems la victoire, les Thébains, pour avoir rompu la phalange, & les confédérés, pour avoir taillé en pièces le détachement : mais cette incertitude n'était qu'un effet de la fierté Lacédémonienne. Les Thébains, d'après les fuites de cette grande journée, eurent, feuls, le droit d'ériger des trophées, d'abord, parce que les confédérés envoyèrent les premiers un héraut, pour demander la liberté d'enfevelir les morts, enfuite, parce que la colonne, qui enfonça la phalange de

Sparte, demeura maitreffe du champ de bataille.

Epaminondas, avant la fin de la mêlée, avait été porté dans fa tente. Les gens de l'art, appellés pour panfer fa plaie, déclarèrent qu'elle était mortelle, & qu'au moment où on retirerait le fer de la javeline, il expirerait. Cet arrêt remplit de trouble & de douleur les Généraux qui étaient autour de fon lit. Ils étaient inconfolables de voir la perte que la patrie allait faire, fur-tout quand ils fe rappellaient que ce grand homme ne laiffait aucun enfant qui pût un jour le remplacer. Epaminondas feul, au milieu de cette confternation générale, confervait toute fa férénité : c'était lui qui confolait fes amis. » Pleurez moins, leur » difait-il, fur ce jour, qui eft le plus » beau de ma vie : fongez que la victoire » qui entoure ma mort de fes rayons, » humilie Sparte, & délivre la Grèce du » joug de la fervitude. Je ne vois point, » il eft vrai, autour de moi, d'enfans qui

» me ferment les yeux ; mais je laiſſe
» deux filles illuſtres, Leuctres & Man-
» tinée , qui ſauront arracher à l'oubli
» mon nom & ma mémoire «.

Tout le monde était dans le ſilence
de l'enthouſiaſme ; Epaminondas , ſen-
tant ſa voix s'affaiblir , profite du peu
de forces qui lui reſte pour arracher le
tronçon de la javeline , & rend l'ame,
avec le ſang qui coule de ſa bleſſure.

Epaminondas avait l'heureuſe ſimpli-
cité de l'âge d'or : quoiqu'il eût été toute
ſa vie à la tête des armées , il ne connut
jamais le prix des richeſſes : content de
ſa deſtinée , pourvu qu'il eût quelques
légumes ſur ſa table , & une bure groſ-
ſière pour le couvrir , il regardait , comme
une eſpèce de dépôt ſacré , l'indigence
héréditaire qu'il tenait de ſes pères. Son
déſintéreſſement , à cet égard , fut pouſſé
ſi loin , qu'il ne laiſſa pas , en mourant ,
de quoi fournir aux frais de ſes funérailles.

Cependant Epaminondas , tout pauvre

qu'il était, connaiſſait le bonheur de la
bienfaiſance ; comme il jouiſſait de la
plus haute conſidération dans Thèbes,
il en profitait pour faire refluer, ſur la
pauvreté timide & honnête, le ſuperflu
de l'opulence. Un jour qu'il ſavait un
de ſes amis ruiné par la guerre, il l'envoya chez le plus riche de ſes concitoyens,
avec ordre de lui demander, de ſa part,
une ſomme aſſez conſidérable. L'argent
fut livré à l'inſtant, & quand l'homme
riche vint s'informer, auprès d'Epaminondas, du motif qui l'avait porté à lui
adreſſer cet ami, le héros lui répondit,
avec une naïveté ſublime : *C'eſt que vous
êtes opulent, & que cet honnête homme
eſt dans le beſoin.*

La mort d'Epaminondas & de Pélopidas
entraîna la chûte de Thèbes ; cette ville
ceſſa, dès-lors, d'être formidable dans la
Grèce, comme un dard dont on a briſé
la pointe. Avant ces deux grands hommes,
Thèbes, République, n'avait point fait
parler d'elle. Après eux, elle retomba

dans son obscurité, jusqu'au moment où, ayant pris parti dans les démêlés de la Macédoine & du Péloponèse, elle fut renversée par le père d'Alexandre.

La bataille de Mantinée, le dernier terme de la gloire de Thèbes, & le premier de sa décadence, tombe à l'an 1219 de l'Ere de Paros, qui répond à la seconde de la cent quatrième Olympiade.

LA GRÈCE,

APRÈS LA BATAILLE DE MANTINÉE, ABANDONNE LA GUERRE POUR LES ARTS.

DES

SPECTACLES NATIONAUX,

CONNUS SOUS LE NOM DE JEUX DE LA GRÈCE.

LA bataille de Mantinée semble la dernière explosion de cet enthousiasme belliqueux, qui semblait animer la Grèce entière, depuis qu'elle avait appris le fecret de fes forces, aux journées mémorables de Marathon & des Thermopyles; de ce moment, toutes fes Républiques, comme de concert, changèrent leurs inftitutions vigoureufes; elles commencèrent à regarder la guerre fous fon vrai point de vue, c'eft-à-dire, comme un fléau politique, & fe repofant fur les exploits des Léonidas, des Epaminondas & des Miltiade, elles aimèrent mieux jouir en paix de la gloire de ces héros, que d'en acheter une nouvelle, au prix du fang des hommes.

Cette époque, par la grande influence qu'elle eut fur les mœurs, mérite toute l'attention de l'homme d'Etat & du Philofophe.

D'abord, l'affaibliffement de la confidération, pour les talens Militaires, entraîna l'affaibliffement politique de la Grèce, & la prépara à recevoir le joug d'Alexandre.

D'un autre côté, le goût général fe portant du côté des arts, la fphère de l'efprit humain parut s'aggrandir, & le plus beau des fiècles dont le monde s'honore, le fiècle de Périclès, prit naiffance.

Cependant, des Etats fondés, maintenus & devenus puiffans par l'épée, n'abandonnent pas fubitement les titres de leur gloire primitive. L'opinion publique fur la fupériorité de l'art de la guerre, ne fe modifia, en Grèce, que par degrés. Quand la poftérité des Alcibiade & des Agéfilas ceffa de livrer des batailles, elle aima encore à en voir l'image, dans les exercices fanglans de fa gymnaftique. Alors une inftitution, faite pour perpétuer la bravoure, dégénéra en vain fpectacle, & les héros du Péloponèfe, furent remplacés par des Athlètes.

Cette révolution, dans les idées publiques, paraît s'être opérée peu après la bataille de Mantinée : ainfi, voici le moment de jetter un coup-d'œil rapide fur les jeux brillans de la Grèce, & fur fa gymnaftique.

Il y avait, dans la Grèce, quatre Jeux solemnels, qui attiraient, dans son sein, le concours de l'Asie & de l'Europe. C'étaient les Jeux Pythiques, les Jeux Isthmiques, les Jeux Néméens, & les Jeux Olympiques.

Jeux Pythiques (*a*). — Ils furent institués à Delphes, centre du culte d'Apollon, pour célébrer la victoire de ce Dieu sur le serpent Python; on en attribue l'idée primitive à Diomède.

La difficulté de rassembler les Grecs, dans les siècles de barbarie qui suivirent la prise de Troye, déterminèrent à ne célébrer les Jeux Pythiques que tous les neuf ans. Dans la suite, quand le Péloponèse commença à respirer, après la dévastation causée par l'invasion des Héra-

____

(*a*) *Pausan.* Corynth. cap. 32, Phocic, cap. 6 & 7, & Eliac. cap. 14; *Strab.* lib. 9; *Plutarch.* quæst. Grec. & Sympos.; *Callimaeh.* Hymn. in Apoll.; *Pindar. Pythic.*, od. 6, & Olymp. od. 11; *Lucian*, de Gymnas. & *Pollux*, lib. 4.

clides, les intervalles se rapprochèrent, & le période ne fut que de quatre années révolues. C'est avec un pareil change-ment, que ce grand spectacle de Delphes, après avoir été interrompu quelque-tems, reçut sa sanction solemnelle de la main des Amphyctions.

L'Apollon des Grecs était le Dieu de l'harmonie ; aussi les premiers concours dans les Jeux de Delphes, furent ceux de la lyre ; on s'y servait d'un mode à cinq parties, connu sous le nom de *nome Pythien*. Le nome, en général est un chant déterminé par des règles, que l'Artiste n'a pas la liberté d'enfreindre. Les combats de lyre, furent, dans la suite, entremêlés de danses, mais seule-ment à l'époque où la gymnastique Grec-que dégénéra en pur spectacle.

L'Apollon de Delphes, outre son culte en qualité de Dieu de l'harmonie, en avait un autre, comme vainqueur du serpent Python ; aussi, en mémoire de ce bienfait rendu à la Grèce, non encore civilisée, on remplit le reste de l'intervalle des Jeux Pythiens, par les courses des chevaux, par celles des chars, & par les combats d'Athlètes.

Le prix du vainqueur, aux concours de Musique, fut originairement une somme d'argent; mais quand on y eut joint les combats du Gymnase, les Juges aimèrent mieux décerner une palme ou une guirlande de lauriers, pour ceindre la tête du triomphateur. L'argent, aux yeux de ce peuple qui commençait à se connaître en vraie gloire, était bien vil alors, auprès de la plus simple des couronnes.

Les Jeux Isthmiques (*a*). — On les nommait ainsi, parce qu'ils se célé-

---

(*a*) *Pausan.* Corynth. cap. 1 & 2; Attic. cap. 44; Eliac, cap. 1, 2, 3 & 46, & Arcad. cap. 48; *Plutarch.* in Thes. & in Sympos.; *Xenoph.* Hist. Græc. lib. 4; *Strab.* lib 8; *Lucian.* de Gymnas.; *Pindar.* od. Passim; *Plin.* Hist. Natur. lib. 4, cap. 5; *Solin.* cap. 12.

braient dans l'ifthme de Corynthe. Ils furent inftitués en l'honneur de Mélicerte, pour éloigner une pefte qui exerçait fes ravages dans la contrée. C'était dans un fiècle où on ne confultait pas les Médecins, mais les Prêtres, pour guérir les épidémies.

Mélicerte était l'héritier d'un Athamas, Souverain d'Orchomène, qui, pour fe dérober à fes fureurs, fe jetta dans la mer, avec Ino fa mère, l'époufe du tyran. Neptune, difent les Poètes Hiftoriens, divinifa le jeune infortuné, fous le nom de Palémon, & ordonna à un dauphin de porter fa dépouille mortelle fur le rivage de Corynthe. Sifyphe, qui régnait à cette époque fur l'ifthme, enfevelit le cadavre du nouveau Dieu; & quelquetems après, voyant fes Etats en proie à la contagion, apprit de l'Oracle, que l'unique moyen de la faire ceffer, était d'établir des Jeux funèbres en l'honneur de Mélicerte; la pefte fe diffipa, quand l'hiver vint épurer l'atmofphère; mais

Sifyphe, fur la foi des Prêtres, en fit honneur aux Jeux décernés par l'Oracle.

Les Jeux de Mélicerte furent interrompus bientôt, par les brigandages qui s'exerçaient dans l'ifthme de Corynthe ; mais Théfée vint, armé de la maffue des Alcide, purgea le pays des affaffins qui l'infeftaient, & rétablit les Jeux inftitués par Sifyphe. Seulement, comme ce héros avait affez peu de vénération pour un Dieu, qui n'avait d'autre mérite que d'avoir fait naufrage, il voulut que déformais on ne les célébrât qu'en l'honneur de Neptune.

Pline & Solin croyent que les Jeux Ifthmiques fe renouvellaient tous les cinq ans. Pindare, qui devait être mieux inftruit, borne chaque période à trois années; Les concours & les combats étaient à-peu-près les mêmes que dans les Jeux Pythiques. Une couronne de pin était le prix du vainqueur. Le pin, dans les fymboles de la Mythologie, eft l'arbre confacré à Neptune.

On croit que les Eléens seuls, eurent le privilége d'être admis à ces Jeux. Les Juges du concours furent d'abord des Corynthiens, ensuite les habitans de Sicyone. Les Jeux Isthmiques se prolongèrent bien au-delà de la prise de Corynthe par Mummius, & ils ne furent abolis, que sous l'Empire d'Adrien.

Les Jeux Néméens (*a*). — On ne peut avoir d'idée claire de ce spectacle de la Grèce, qu'en se rappellant une anecdote de l'ancienne Monarchie de Thèbes.

Au tems de la fameuse expédition des Sept Chefs, les confédérés, qui marchaient à la conquête de Thèbes, en traversant la forêt de Némée, rencontrèrent Hypsipile, séduite, quelques années auparavant, & abandonnée par Jason, le chef des Argonautes. L'infortunée vivait là,

---

(*a*) *Apollod.* lib. 9 ; *Pausan.* Corynth. cap. 15, Eliac. cap. 16, & Arcad. cap. 48 ; *Strab.* Geogr. lib. 8 ; *Pindar.* od. Passim.

dans une folitude profonde, cherchant à cacher fon opprobre à la nature entière. Un des Généraux Grecs la prie de lui indiquer une fource pour fe défaltérer ; Hypfipile laiffe un inftant, fur l'herbe, l'enfant qu'elle avait eu de Jafon, & conduit le guerrier à une fontaine. Dans l'intervalle, une couleuvre s'élance fur l'enfant, le bleffe, & Hypfipile, à fon retour, le trouve rendant les derniers foupirs. Les Grecs partagèrent le défefpoir de cette mère fenfible, & pour appaifer les mânes de fon fils, ils inftituèrent, en fon honneur, les jeux Néméens. Un monument deftiné à tranfmettre aux fiècles cette hiftoire tragique, fe voyait encore dans le pays, au fiècle de Paufanias.

Suivant une autre tradition, ce fut l'Hercule Grec qui, en mémoire du lion monftrueux qu'il tua dans la forêt de Némée, inftitua les Jeux Néméens (*a*),

---

(*a*) Il eft difficile d'adopter le fentiment vul-

& en fit honneur au Jupiter, dont il tirait gloire d'être le fils adultérin. Quoiqu'il en foit, l'hommage d'Hercule prévalut fur celui des Sept Chefs, & les Prêtres des Jeux Néméens, aimèrent mieux être les Miniftres du maître du tonnerre, **que** ceux du fils inconnu d'Hypfipile.

Les Jeux Néméens fe célébraient de trois ans en trois ans ; on y admettait les mêmes concours que dans ceux de l'Ifthme ou de Delphes, & le prix était une couronne, tantôt de perfil, & tantôt d'olivier.

Jeux Olympiques (*a*). — Ces Jeux

---

gaire, qui veut que les Jeux Néméens n'aient été que renouvellés par Hercule ; car les travaux de ce héros font évidemment antérieurs à l'expédition des Sept Chefs. Hercule termina fa carrière, de dangers & d'exploits, l'an 292 de l'Ere de Paros, & ce n'eft que l'an 308, c'eft-à-dire quinze ans après, que la Chronologie place l'hiftoire tragique du fils d'Hypfipile.

(*a*) *Herod.* lib. 5, 8 & 9 ; *Paufan.* lib. 2,

ainſi nommés, parce qu'ils furent inftitués dans Olympie, ſe célébraient, après
quatre ans révolus, à la pleine lune la
plus voiſine du ſolſtice d'été. Les Grecs,
par un menſonge de vanité nationale, en
faiſaient remonter l'origine juſques dans
ces âges primitifs où leur pays était encore
ſous les eaux. Ils diſaient que c'était dans
le ſtade d'Olympie, que Saturne & Jupiter avaient difpuré, à la courſe, l'empire de l'univers. Le dernier triompha,
& quelque tems après, en mémoire de
ſa victoire ſur les Titans, il établit les
Jeux Olympiques. Une autre tradition,
non moins abſurde fait honneur de cette
idée à l'Hercule Oriental, qui créa le
détroit de Gibraltar.

Expoſer de pareilles rêveries, c'eſt aſſez
les réfuter. Paſſons à des époques un peu
moins ſuſpectes. L'hiſtoire parle d'un

---

5 & 6 ; *Strab.* lib 8 ; *Phleg.* Fragm. de Olymp.
Hygin. Fabul. ; *Pind.* od. Paſſim.

Clymène, Prince de l'Elide, qui se disait descendant de l'Hercule Oriental, & qui célébra les Jeux Olympiques, environ un demi-siècle après le déluge de Deucalion.

Endymion détrôna Clymène, & proposa à ses enfans de disputer, à la course, le royaume qu'il leur laissait en héritage. Le stade d'Olympie vit, pour la première fois, des Princes se faire Athlètes, pour apprendre à gouverner les hommes.

Pélops, fils de Tantale, voulant faire d'Olympie le centre de la religion & du commerce de la Grèce, célébra, après Endymion, les Jeux Olympiques avec un appareil inconnu jusqu'alors ; mais sa politique n'eut point le succès qu'il pouvait en attendre, car ces Jeux tombèrent en désuétude, & il fallut que l'Hercule, fils d'Alcmène, le meilleur Athlète de son siècle, vînt les rétablir, pour perpétuer la mémoire de ses douze travaux.

L'invasion des Héraclides, en ramenant la Grèce à sa barbarie primitive, fit

négliger encore Olympie & son stade ;
ce ne fut qu'environ trois siècles après ,
qu'Iphitus , Prince de l'Elide , de concert
avec Lycurgue , le Législateur de Sparte ,
donna à ce grand spectacle , la forme in-
variable qu'il a conservée depuis. Iphitus ,
pour prévenir , à cet égard , les révolutions de mœurs , d'opinions & d'usages ,
fit intervenir un oracle de Delphes , qui
attachait le salut de la Grèce à la célébra-
tion constante des Jeux Olympiques.

Tous les Grecs , connus alors sous le
nom d'Hellènes , furent invités aux Jeux
d'Olympie ; tous purent descendre dans
le stade pour y combattre; mais les étrangers n'étaient point admis au concours ;
il fallait faire preuve d'Hellénisme , pour
mériter la palme triomphale. Les Rois de
Macédoine eux-mêmes , quand ils se pré-
sentèrent dans le stade pour la course des
chars , éprouvèrent de grandes difficultés ;
comme on croyait leur nation un mélange
de Péoniens & de Thraces , on ne les
comptait point dans la confédération

Hellénique, & il fallut que ces Monarques démontrâssent qu'ils étaient d'origine
Grecque, en produisant les titres de
leur généalogie, qui les faisait descendre
de Témène, un des Héraclides.

Les Jeux Olympiques, quoiqu'ils
n'ayent jamais été discontinués, depuis
Iphitus, jusqu'à la conquête de la Grèce
par les Romains, par une bisarrerie dont
la critique ne peut rendre raison, n'ont
commencé à servir de base à la chronologie, que cent huit ans après cette époque; c'est la victoire de l'Athlète Corœbus,
remportée 776 ans avant l'Ere vulgaire,
c'est-à-dire, l'an 806 de l'Ere de Paros,
qui constitue, dans les annales Grecques, la première des Olympiades.

DU STADE D'OLYMPIE,

ET

DE SON HYPODROME.

Tour ce qui tient aux mœurs du premier des peuples du globe, mérite une attention particulière de la part de l'Historien des Hommes; c'est à ce titre que nous allons nous arrêter sur la gymnastique des Jeux de la Grèce.

Il y avait, chez les Grecs, deux gymnastiques; l'une, dont les exercices pénibles, se renouvellaient tous les jours, était destinée à créer des guerriers; la Sparte de Lycurgue, en faisait le plus grand usage, c'est ce que j'appelle la *Gymnastique d'éducation*; l'autre, qui ne s'exerçait qu'au bout d'un certain nombre d'années, servait à montrer aux étrangers, la supériorité de la race d'hommes qui habitait la Grèce, sur celle du reste du globe; c'est ce que j'appelle la *Gymnastique de spectacle*.

C'est sur-tout dans les Jeux Olympiques, que cette gymnastique de spectacle se montrait dans toute sa magnificence; & il fallait que l'opinion sur la gloire du vainqueur dans ces Jeux, maîtrisât singulièrement toute la Grèce, puisque les Rois, qui envoyaient leurs chars au concours, mettaient l'adresse d'un cocher au rang des services rendus à l'État, & que le nom d'un Athlète victorieux, servait de base aux époques de la chronologie.

Avant de parcourir tous les détails de la gymnastique de spectacle, il n'est point inutile de dessiner un moment le lieu de la scène (*a*).

Le Gymnase d'Olympie annonçait,

____

(*a*) *Pausan.* Eliac. Passim.; *Pindar.* od.; *Plin.* Histor. Natur. lib 2, cap. 23; *Censor.* cap. 13; *Lucian,* de Gymnas.; *Pollux,* lib. 3.

par fa diftribution, combien la politique Grecque refpectait le fang des hommes. Il y avait une carrière deftinée pour la courfe des gens de pied & les exercices des Athlètes, & une autre pour la courfe des chars & des chevaux. La première était connue fous le nom de ftade, & l'autre fous celui d'hypodrome. Il n'était point permis de s'exercer indifféremment dans les deux carrières ; règlement qui empêchait qu'un vain fpectacle ne coutât la vie à l'Athlète qui paffait fa jeuneffe à mériter une couronne de pin ou d'olivier.

Le ftade était deftiné pour tous les exercices pédeftres de la gymnaftique, tels que la courfe, le faut, le palet, la lutte, le pugilat. Les détails de ces divers exercices, occuperont, dans la fuite, quelques chapitres de l'Hiftoire des Hommes.

Paufanias, notre principal guide, ne détermine pas la longueur du ftade. Cependant, cette évaluation eft très-importante, parce qu'elle eft la bafe de toutes

les anciennes mesures itinéraires Le stade
de Delphes, destiné aux Jeux Pythiques,
était le plus grand de tous, il renfermait
125 toises, ou 750 pieds, de la barrière
à la borne.

Hercule mesura, dit-on, lui-même le
stade d'Olympie, & comme sa taille était
supérieure à celle de ses contemporains
il en résulta un stade plus grand que celui
d'autres nations, qui mesuraient le leur
par le même nombre de pas. Le stade
d'Hercule, ou l'Olympique, est de 567
pieds, ou un peu plus de quatre-vingt-
quatorze toises.

Le stade Olympique, semble la me-
sure intermédiaire entre le stade Pythi-
que & le stade vulgaire; ce dernier résulte
des calculs astronomiques sur les degrés
du globe, & il ne s'évalue qu'à 306 pieds
ou à 51 toises.

A l'une des extrémités était la barrière
qui, souvent, ne consistait qu'en une
corde tendue avec force, derrière laquelle
se rangeaient les Athlètes, dans l'ordre

que le sort leur assignait. La corde abattue,
était le signal qu'on ouvrait la lice.

A l'autre extrémité du stade, on voyait
un massif de pierres de taille, qui consti-
tuait la borne. Comme les Athlètes
étaient obligés de la doubler, au moins
une fois, pour être vainqueurs, les Juges
des Jeux avaient leur siége du côté de
la barrière.

L'hypodrome d'Olympie, mérite encore
plus d'attention que son stade. C'était un
quarré-long, qui avait quatre stades dans
sa grande dimension, & un seul dans sa
petite. Un édifice de quatre cents pieds de
long, servait de barrière ; de chaque côté
étaient des remises où se rangeaient les
chars, dans la place que le sort leur avait
assignée. Ils y demeuraient enfermés par
des cables, qui fermaient l'entrée des
remises, jusqu'à ce qu'un dauphin s'abat-
tant de dessus la porte de l'hypodrome,
les cordes qui captivaient les chars s'abat-
taient aussi : alors tous sortaient en même-
tems, & allaient, en deux files, occuper

la place qui leur était deftinée dans la carrière.

L'enceinte de l'hypodrome était fermée par un mur à hauteur d'appui, derrière lequel fe rangeaient les fpectateurs, & qui les empêchait, à la fois, de trembler pour leur vie, & de troubler le fpectacle.

Homère, qui eft encore un Hiftorien utile, quand il n'eft pas un Poète fublime, nous apprend auffi qu'au-delà du terre-plein qui environnait la borne de l'hypodrome, régnait une tranchée d'une pente douce (a), qui était en même-tems

____

(a) » Ménélas, dit un Traducteur moderne, » voulant éviter la rencontre des chars, fuivait » un chemin étroit, bordé d'une efpèce de ra- » vine : Antiloque prend la même route, s'ap- » proche de Ménélas, & le pouffe vers le pré- » cipice; *Arrêtez*, s'écrie le Roi de Sparte, *votre* » *fureur nous perdra tous deux.* Antiloque, » fourd à fes cris, le preffe avec plus d'ardeur » encore, & le devance : car Ménélas, redoutant » quelque défaftre, retient fes courfiers ; cepen- » dant il s'emporte contre fon adverfaire : *Va,*

l'ouvrage du goût & de l'humanité. Cette
espèce de ruine devenait nécessaire, dans
le cas où un des chars venait à se briser
contre la borne ; autrement cet accident
aurait mis fin au spectacle. Il fallait donc
que les chars qui suivaient, descendissent
dans le fossé, & fissent, autour de la
borne, un cercle plus étendu, afin que
les débris du premier char ne les brisâs-
sent pas aussi à leur tour. Cette institution
de police, était encore dictée par la sensibilité : le conducteur d'un char tombait
ordinairement avec lui ; mais si ses rivaux
avaient le droit de se précipiter sur lui,

» *jeune homme impétueux*, dit-il, *va*, *je révé-*
» *lerai ta fraude*, *& tu ne remporteras le prix*
» *que par un parjure.* Voyez Iliad. Liv. XXIII ".

Les plaintes de Ménélas, sur le crime d'Antiloque, prouvent encore la grande police que les
Directeurs des Jeux faisaient observer parmi les
combattans : & en effet, le hasard occasionnait
assez de désastres dans les courses de chars, sans
tolérer encore ceux qu'y faisaient naître l'artifice
ou la malignité.

quelle pouvait être sa reſſource , au milieu de ces débris de chars fracaſſés , de
ces chevaux fougueux , & de ces Athlètes
qui n'aſpiraient pas à vivre , mais à vaincre? Il fallait donc forcer les combattans,
dans un inſtant où la gloire ſeule fait entendre ſa voix , à ménager le ſang des
hommes ; & cette inſtitution était digne
de ces Grecs , qui , pour venger un citoyen écraſé ſous les ruines d'un monument , firent le procès à la ſtatue pour
laquelle on l'avait érigé.

La forme des chars , employés aux Jeux
Olympiques , ne varia jamais. Les Grecs
n'en connaiſſaient que d'une eſpèce , qu'ils
nommaient *arma;* & l'unique différence
qu'on obſervait entre eux , venait de la
diverſité des attelages (*a*) ; leur *ſunoris*

(*a*) Il eſt certain que Pauſanias ne parle jamais
que de l'arma ; & quand Amaſée, ſon rraducteur
latin , a rendu les mots de *calpé* & *d'arené* , par
ceux de *rhéda* & de *carpentum,* qui déſignaient ,
à Rome , deux ſortes de chars , il a manqué de

était un arma attelé de deux chevaux ; quand ils en mettaient quatre, ils l'appellaient *tétroris*, & ce qu'il y a de bien étrange, c'est que l'inftitution du tétroris précéda celle du funoris de deux cents foixante-douze ans. Les quatre chevaux du tétroris étaient rangés de front, ce qui devait rendre ce char bien plus rapide & bien plus dangereux encore que les nôtres ; mais on ne s'en fervait que dans les jeux & dans les combats. Ainfi, le luxe de la Grèce, ne pouvait mutiler que des ennemis de l'Etat, ou des Athlètes.

Au refte, dans la première époque de l'inftitution des chars, il n'était pas permis indifféremment à tout homme riche d'en ufer ; c'était un privilége réfervé pour les héros, les ftatues des Dieux, & les femmes.

---

fidélité. Le calpé des Grecs n'était que l'arma attelé de jumens, & l'apené, la même voiture, attelée de mules : les meilleurs Traducteurs des Ecrivains Grecs ont, à chaque moment, befoin d'être redreffés.

Un homme qui n'eût été que riche, n'aurait pu se faire traîner mollement sur un char, conduit par un esclave ; Minos l'aurait chassé de Crète, Lycurgue de Sparte, & Solon d'Athènes : pour les autres villes de la Grèce, il s'y ferait vu flétri ; & on fait que dans tout bon gouvernement, on est encore plus sensible au mépris du citoyen, qu'à la poursuite de la loi.

DES COURSES

EN USAGE

DANS LES JEUX OLYMPIQUES (*a*).

LA courfe tenait le premier rang dans les jeux gymniques de la Grèce, & ceux d'Olympie tirèrent long-tems, de cet exercice feul, toute leur folemnité. On

---

(*a*) *Paufan.* in Eliac. ; *Athen.* Deipnofoph. lib. 14 ; *Pollux* Onomaft. lib. 3 ; *Homer.* Iliad. & Odyff. Paffim ; *Lucian.* de Gymnaf. ; *Plutarch.* Oper. Moral. ; *Suidas* Lexicon., & cinq Differtations à-la-fois exactes & profondes de Burette, dans les Mémoires de fon Académie, petite édit. in-11. *Mém.* tome XV, pag. 316. Pour ne point furcharger d'une érudition inutile les notes de cet Ouvrage, nous prévenons que telles font nos autorités, pour tout ce qui nous refte à dire fur la Gymnaftique.

courait, dans la carrière, foit à pied, foit à cheval, foit en char. Nous avons parlé des deux derniers genres de courfes, en traitant de l'hypodrome.

La courfe à pied, devait faire partie des inftitutions d'un peuple guerrier ; on fent combien elle eft néceffaire à un foldat dans les marches précipitées, foit en cas de victoire, pour atteindre un ennemi qui cherche fon falut dans la fuite, foit en cas de défaite, pour fe dérober à une mort infructueufe pour la patrie ; auffi Homère, le peintre des mœurs par excellence, fait-il, de cette partie de la gymnaftique, les plus grands éloges, & quand il appelle Achille, l'*homme au pied léger*, il croit relever encore le héros de l'Iliade.

Les coureurs ordinaires fe préfentaient, à la barrière, le corps oint d'huile & entièrement nuds, à l'exception d'une écharpe qu'ils mettaient à la ceinture. Quand l'art Athlétique fe fut perfectionné, on admit, au concours, des coureurs armés de toutes pièces, ce qui, en rendant la course plus pénible, ajoutait à l'intérêt du spectacle. Cette innovation n'eut lieu qu'à la soixante-cinquième Olympiade.

Les coureurs, rangés suivant l'ordre du sort le long de la barrière, préludaient, pour se tenir en haleine, par divers mouvemens, qui réveillaient leur souplesse & leur légèreté. Le signal donné, on les voyait, tous à la fois, s'élancer vers la borne, avec la rapidité de l'éclair. Il leur était défendu, sous les peines les plus infâmantes, de prendre leurs concurrens par les cheveux, de les jetter par terre, & de se procurer ainsi la victoire, par des moyens qui la deshonorent.

Dans les âges primitifs, parcourir une seule fois l'étendue du stade, suffisait pour constituer une course ; le vainqueur trouvait, à la borne qu'il atteignait le premier, les Juges qui lui décernaient la couronne.

Quand la gymnastique sortit de son

berceau, on imagina la courfe du double ftade; c'eft-à-dire, que l'Athlète, après avoir parcouru le ftade, de la barrière à la borne, était obligé de revenir, fans s'arrêter, de la borne à la barrière; le ftade d'Olympie était difpofé, en particulier, pour ce genre de courfe; voilà pourquoi les fiéges des Juges, qui décernaient la couronne, étaient du côté de la barrière.

On fe doute bien que les courfes des chevaux & des chars, dans les hypodromes, étaient plus compliquées que celles des Athlètes dans le ftade. D'heureufes conjectures fur les textes des Anciens, conduifent à croire que les chevaux allaient & revenaient deux fois, de la barrière à la borne, & de la borne à la barrière, & les chars ordinairement huit fois, & quelquefois douze. Rome qui, en afferviffant la Grèce, copia tous fes fpectacles, transféra, dans fon cirque, les courfes des chars de l'hypodrome d'Olympie; mais elle borna les douze

révolutions à sept, &, dans la suite, Do-
mitien, qui voulait donner cent courses
en un jour, les réduisit à cinq. On dit
qu'à cette époque, la diminution du
péril, commença à avilir la victoire.

DE

LA LUTTE et DU PUGILAT.

L'histoire simple des Arts, n'est faite que pour servir d'aliment à une frivole curiosité : leur histoire philosophique qui en embrasse toute la chaîne, qui en découvre l'origine, non dans les livres, mais dans la nature, qui en fait observer les progrès insensibles, depuis leur naissance jusqu'au moment où ils se dégradent, en outre-passant les limites du beau; cette histoire philosophique, dis-je, bien plus importante que l'autre, doit la précéder, pour faire pardonner l'aridité de ses détails.

La première supériorité de l'homme social, dans les zones tempérées, vint de sa force, & dans la zone torride, où tout s'énerve de bonne-heure, de sa beauté;

voilà pourquoi, dans les trois quarts du globe connu, les peuples qui commençaient, firent Roi, le plus robuste de leurs guerriers, & que, dans quelques contrées de l'Orient, habitées par des Sybarites, le trône fut souvent déféré à l'adolescent, dont les graces touchantes démentaient le sexe. Etre fort ou être beau, semblait désigner, aux sociétés naissantes, qu'on était digne de gouverner les hommes.

Le genre humain se civilisa; les peuples demandèrent aux Rois une intelligence & une ame; les Gouvernemens mixtes, ces chef-d'œuvres de la raison perfectionnée, naquirent des débris de la démocratie & du despotisme; mais la force & la beauté, ne cessèrent pas d'être honorées; l'une servit d'appui aux loix, l'autre, transportée aux arts, fit naître l'idée des chef-d'œuvres de la sculpture, de l'Apollon du Belvédère, & de l'Antinoüs.

La force, sur-tout, devait peu perdre de ses avantages primitifs, chez des peu-

ples d'une imagination vive & fenfible,
tels que les Grecs, qui ne laifsèrent jamais dégénérer chez eux l'efpèce humaine;
lors même qu'une tactique lumineufe
vint y modifier la force individuelle,
pour augmenter la force générale, on
encouragea encore la première, en infti-
tuant une gymnaftique de fpectacle, &
en décernant aux Perfée & aux Hercule,
les honneurs de l'apothéofe.

La gymnaftique de fpectacle, n'étair,
en général, qu'un figne commémoratif
des exploits des héros des premiers âges;
pour fe rapprocher davantage de la vérité,
on ne fit long-tems combattre les Athlètes,
qu'avec les armes de la nature ; de-là,
le pugilat & la lutte, par lefquels s'ou-
vraient, d'ordinaire, les quatre grands
Jeux de la Grèce.

LA LUTTE. — Les luttes des hommes
primitifs, ne furent gueres que des affauts
de force; dans la fuite, l'adreffe vint défier
la force, & réuffit même à en triompher;
Théfée, un des hommes les plus robuftes

& les plus adroits de son siècle, vainqueur, dans ce genre de combat, des brigands qui défolaient l'Attique, établit, dans fa capitale, des Gymnafes, fous le nom de *paleftres*, où la jeuneffe recevait des leçons publiques de lutte. Il fortit de ces paleftres des guerriers qui fervirent leur patrie dans les combats,& des Athlètes qui l'honorèrent, par leurs triomphes, dans les jeux Olympiques.

Les Lutteurs des jeux, après avoir fubi diverfes frictions néceffaires pour ouvrir les pores, rendre le mouvement du fang plus rapide, & augmenter, par-là, le reffort des mufcles, fe préfentaient dans l'arène, le corps oint d'huile & couvert de pouffière ; on les appariait deux à deux, & plufieurs luttes s'exécutaient en même-tems, afin que le contrafte des grouppes, augmentât le charme du fpectacle.

Les Anciens paraiffaient avoir diftingué trois efpèces de luttes ; la plus fimple eft celle où l'on employait feulement l'extrémité des mains, & où il ne s'agissait ainsi que de vaincre la résistance des jointures de son adversaire. Cette lutte, connue sous le nom d'*Acrochérisme*, plus faite pour des enfans que pour des hommes murs, devait, à cause du peu de péril, n'entraîner qu'une faible gloire; cependant on cite un nommé Sostrate, qui, fier d'avoir remporté douze couronnes d'Acrochérisme, se fit ériger, dans Olympie, une statue, qu'on voyait au siècle de Pausanias.

Une lutte un peu plus digne des Thésée & des Hercule, était la *perpendiculaire*, où l'on combattait debout, jusqu'à ce qu'un des antagonistes fût renversé; on y voyait, avec une sorte d'effroi, les Athlètes s'entrelasser les membres, se plier obliquement sur le côté, s'élever en l'air, se heurter de front, & se serrer la gorge jusqu'à s'ôter la respiration; quelquefois l'Athlète terrassé, entraînait son adversaire dnas sa chûte; alors ie combat recommençait, & ils luttaient, couchés sur le

GROUPPE DES LUTTEURS.

fable, se roulant l'un sur l'autre, jusqu'à ce que le plus faible, épuisé, demandât quartier, & cédât la victoire. On appellait cette dernière lutte l'*horisontale.*

Il fallait, pour être couronné dans la lutte Olympique, combattre trois fois de suite, & terrasser, au moins deux fois, son adversaire.

Presque tous les Poëtes fameux, de la Grèce & de Rome, ont décrit des luttes antiques, & ils se sont plu à animer ces tableaux, arides par eux-mêmes, du feu de leur génie. L'homme de goût doit, sur-tout, consulter, dans Homère, la lutte d'Ulysse & d'Ajax, & dans Ovide, celle d'Hercule & d'Achéloüs.

Rome possède, dans ses Antiquités Grecques, un grouppe superbe de marbre, représentant deux Lutteurs, dont celui qui est terrassé se débat encore, pour disputer un reste de victoire. On peut admirer encore ce monument du siècle de Périclès, après avoir lu les beaux vers de l'Iliade & des Métamorphoses.

LE PUGILAT. — Cette espèce de lutte antique, où, parmi les armes naturelles, on n'employait que le poing, n'avait rien de compliqué; tous les mouvemens se réduisaient à frapper ou à parer, & le combat finissait, quand l'un des deux Athlètes, affaibli par l'effusion de son sang, ou cédant à la douleur, causée par ses blessures, demandait quartier à son adversaire. Cette idée de demander quartier, blessait si fort la fierté des Spartiates, que ces hommes, accoutumés à vaincre ou à mourir, pour n'être jamais obligés de prononcer ce mot humiliant, avaient banni le pugilat de leurs Gymnases.

Le pugilat était connu des Grecs primitifs; on voit, dans le Poëme d'Apollonius de Rhodes, un Amycus, Roi de Bébrycie, despote bisarre & altier, qui ne permettait à aucun étranger de sortir de ses Etats, à moins qu'il n'eût éprouvé ses forces, dans cette partie de la gymnastique; cet Amycus fut vaincu au pugilat, & tué par un des Argonautes.

GLADIATEUR.

Malgré l'antiquité du pugilat, cette espèce de lutte, ne fut admise, dans les jeux Olympiques, qu'à la vingt-troisième Olympiade.

La fameuse statue de la Vigne Borghèse, connue sous le nom du *Gladiateur*, n'est qu'un Athlète Grec, qui s'exerce au pugilat. Comme c'est un des chef-d'œuvres de l'ancienne sculpture, les Artistes Modernes l'ont copié plusieurs fois, & il respire, soit en marbre, soit en airain, dans presque toutes les capitales de l'Europe.

Quoique le pugilat simple, tel que nous venons de le décrire, fût souvent sanglant, & quelquefois même meurtrier, des hommes, blâsés sur les combats de la nature, s'avisèrent, dans la suite, de le rendre plus terrible encore, en armant d'un ceste, le poing des Athlètes. On donnait ce nom à des gantelets, composés de bandes de cuir, tantôt parallèles, & tantôt croisées, qu'on fortifiait de boîtettes de métal, pour en rendre la

ſurface raboteuſe ; les gantelets s'atta-
chaient au poignet du Lutteur , & il s'en
ſervait , pour couvrir ſes adverſaires de
bleſſures profondes , que la nature de
l'arme offenſive rendait très - difficile à
guérir. Il eſt affreux de penſer que ce
ceſte Grec, a conduit Rome, ivre du
ſang humain , à deshonorer ſon arène ,
par les combats des Gladiateurs.

Au reſte , il faut rendre juſtice à la
Grèce. Son peuple humain , en adoptant
l'arme terrible du ceſte dans ſes ſpecta-
cles , décida que chaque Lutteur aurait
ſur la tête , une eſpèce de demi-caſque
qui amortirait la violence des coups , ſur
les parties les plus délicates. Cette arme
défenſive était d'airain , & on la connaiſſait ſous le nom d'*Amphotides*. Dans les
combats à outrance, pluſieurs Athlètes péri-
rent ſur l'arène , malgré leurs amphotides.

On peut juger de cet enthouſiaſme
pour la gloire , qui faiſait braver aux
Athlètes la douleur & la mort, par le
trait d'Eurydamas , qu'Elien nous a con-

fervé (*a*). Ce Lutteur, après un combat long & opiniâtre, reçut un coup de ceste qui lui brifa une partie de la mâchoire ; il vainquit fa douleur, eut le courage d'avaler fes dents l'une après l'autre, avec le fang qui fortait de la plaie, &, par cette rufe étrange, découragea tellement fon adverfaire qui avait ramaffé toutes fes forces pour porter ce coup terrible, qu'il le contraignit à lui céder la victoire.

Quand les Lutteurs vaincus, ne tombaient pas morts fur l'arène, ils fortaient toujours du combat du ceste tellement défigurés, qu'ils en devenaient méconnaiffables. Cette difformité, dans les derniers fiècles de la Grèce, où le fang de l'homme commençait à être mieux apprécié, attira à ces infortunés une foule d'épigrammes. En voici une affez plaifante, qu'on trouve dans l'Anthologie.

> Ce fier vainqueur d'Athlètes couronnés,
> Qui dans les jeux opéra des merveilles,

(*a*) *Var. Hiftor.* lib. 10, cap. 19.

Ainsi que nous eut autrefois un nez ,
Des yeux de feu, des dents & des oreilles ;
L'infortuné, victime de l'honneur ,
A tout perdu dans les combats du ceste ,
Son patrimoine est le bien qui lui reste ;
Encor bientôt le fort persécuteur
Va l'enlever par un procés funeste ;
Tout , jusqu'au nom , se conteste au Lutteur ;
Les Tribunaux , prevenus par son frère ,
Confronteront l'homme avec son portrait ;
Et , confondu par ce témoin muet ,
Il cessera d'être fils de son père.

Quoique le vrai Gladiateur appartienne à l'Histoire de Rome , comme c'est aux luttes sanglantes du ceste qu'on doit l'idée de cet horrible spectacle , c'est ici le lieu de faire connaître aux Amateurs de l'antique , le fameux marbre , connu sous le nom du *Gladiateur mourant*. On voit l'infortuné assis , & soutenant son corps livide de sa main défaillante , tandis que le sang coule de sa blessure. L'excellence de l'ouvrage , annonce qu'il est d'un Artiste Grec , qui vivait sous le beau siècle d'Alexandre.

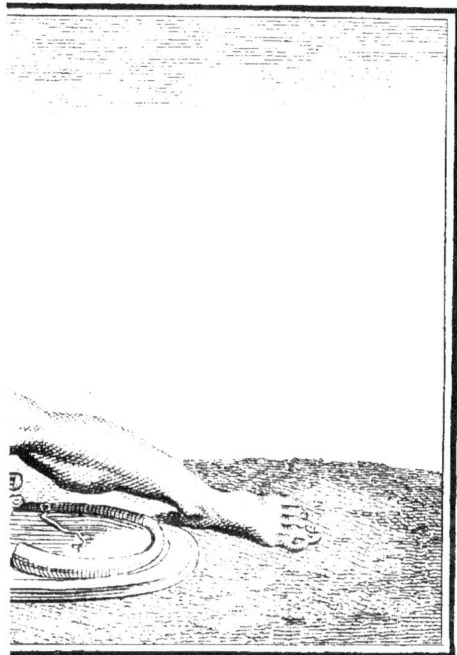

ANT.

GLADIATEUR MOURANT.

DU PANCRACE, DU PENTATHLE,

ET DE QUELQUES AUTRES

EXERCICES DE L'ANCIENNE

GYMNASTIQUE.

Les Athlètes de la Grèce, avides de toutes fortes de couronnes, s'essayaient, dans leurs Gymnases, à différens exercices ; ce qui a hérissé d'une foule de nouveaux mots, la nomenclature de l'ancienne gymnastique.

On appellait *Pancrace*, l'art réuni de la lutte & du pugilat.

Le *Pentathle* renfermait, suivant l'opinion la plus commune, la course, la lutte, le saut, l'exercice du disque & celui du javelot.

Il fallait que l'exercice du saut & celui du javelot, peu dangereux par eux-mêmes, n'acquissent au vainqueur qu'une gloire vulgaire, puisque Pindare, qui semblait avoir consacré sa plume à l'éloge des Athlètes, ne dit rien, dans ses Odes, de cette partie de la gymnastique ; l'art de franchir légèrement un espace plus ou moins long, était, en effet, assez peu utile à des hommes, qui ne savaient pas fuir dans une défaite ; pour l'adresse à lancer le javelot, à force d'être commune à un peuple de guerriers, elle perdait, à ses yeux, presque tout son prix ; les Grecs aimaient mieux qu'on les crut capables de viser à un ennemi sur un champ de bataille, qu'à un but dans un Gymnase.

L'exercice du disque ou du palet, qui au fond est encore moins relevé que celui du javelot, tenait cependant un rang distingué dans les quatre grands Jeux de la Grèce ; il faut l'attribuer peut-être à la célébrité de quelques avantures arrivées aux Dieux & aux Rois qui s'étaient fait Discoboles. On se rappellait, avec une espèce de terreur religieuse, qu'Apollon, qui s'était dérobé du Ciel , pour venir , dans Sparte , jouer au palet avec son favori Hyacinthe , l'avait tué par mégarde dans le Gymnase. Une autre tradition , un peu moins suspecte , représentait Persée , dans les jeux de Larisse , frappant , sans le savoir , avec son disque , la tête octogénaire du Roi son ayeul. Il n'y avait point d'Athlète , qui ne se crût flatté de gagner une couronne dans un exercice où les Dieux tuaient leurs amis , & où les héros ne devenaient célèbres que par des patricides.

Cependant les victoires au disque seul , valaient rarement le prix gymnique , on ne le décernait , dans la plupart des jeux , que quand le vainqueur s'était distingué dans d'autres exercices. Le disque , par exemple , faisait essentiellement partie du pentathle , dans les jeux Olympiques , & c'est à ce titre qu'il fut admis au concours, dans la dix huitième Olympiade.

Le disque était , originairement , une pierre polie , ou une masse , formée d'un bois très-compact ; dans la suite, on le fit de métal. Le disque qu'Achille fit servir aux jeux funèbres de Patrocle, n'était qu'un simple lingot de fer, qui n'avait point été travaillé au marteau. Le héros, qui sans doute avait choisi pour Athlètes des Briarées & des Encelades, donna, à ce lingot, un volume si énorme, que suivant l'expression d'Homère, *il devait fournir du fer pendant cinq ans, aux fermiers du vainqueur, quelque vaste que fût son patrimoine*. L'homme de goût, sent qu'il ne faut pas plus presser ces hyperboles, que les comparaisons *à longue queue* de l'Iliade.

Quand les héros ne lancèrent plus des poids de plusieurs quintaux, c'est-à-dire, au siècle de la raison, on fit les disques d'un métal travaillé, & dans la forme lenticulaire. L'athlète qui le lançait était nud, ou tout au plus ceint d'une écharpe. Son attitude pittoresque, au moment où il balançait son palet, pour le faire atteindre au but, prêtait naturellement au ciseau du Sculpteur ; aussi l'antiquité ne parlait-elle qu'avec enthousiasme du Discobole de Myron, le rival des Phidias & des Praxitèles (a).

_____

(a) *Quintil,* instit. orat. lib. 2, cap. 13.

NOVICIAT DES ATHLÈTES;

LEURS TITRES POUR ÊTRE ADMIS AUX JEUX; LEUR COURONNEMENT ET LEURS PRIVILÉGES (a).

ON ne naiſſait point Athlète , comme l'homme de génie naît Poète ou Orateur. C'était par le noviciat le plus auſtère, qu'un Lutteur, par exemple , ſe rendait digne de voir ceindre , d'une couronne de feuillage, ſa tête ſans oreilles.

Dans l'origine , les Athlètes admettaient le régime de Pythagore , & avaient

______

(a) *Plin.* Hiſtor. Natur. lib. 23 , cap. 7 ; *Pauſan.* Eliac. ; *Senec.* epiſt. 78 & 80.

encore ajouté à sa rigueur, car ils s'aftrei-
gnaient à ne manger que du fromage
mou, des noix & des figues sèches ; ils
paffaient leur vie dans les Gymnafes,
fouffrant les intempéries de l'air, les
coups & toutes les épreuves qu'un maître
impérieux leur faifait fubir ; on leur in-
terdifait le vin, & jufqu'à la vue des
femmes (*a*).

Comme cette continence parfaite, fur-
tout par rapport à la pente qui entraîne
un fexe vers l'autre, eft rarement au pouvoir d'un individu bien organifé, les
maîtres de Paleftres s'étudiaient à dompter
la nature dans leurs Elèves, en leur pref-
crivant des bains froids, & en leur fai-
fant porter, fur les reins, des plaques de
plomb. On ne connaiffait point encore

(*a*) Tous les détails de ce noviciat font ren-
fermés dans ces vers d'Horace :

Qui ftudet optatam curfu contingere metam
Multa tulit fecit que puer, fudavit & alfit,
Abftinuit venere & vino.

la vertu cruelle de ces boiſſons réfrigéra-
tives, qui, en laiſſant les deſirs, ôtent
la puiſſance de les ſatisfaire, & tuent
l'homme, pour lui laiſſer l'apparence de
la chaſteté

Le noviciat des Athlètes durait dix
mois, & le dernier, ſur-tout, qui tou-
chait à l'époque des Jeux, était ſi terrible,
qu'il faiſait regretter les vraies luttes de
Delphes ou d'Olympie, luttes, dont les
dangers diſparaiſſaient, du moins à la
vue des couronnes.

Les Coureurs, outre le noviciat ordinaire des Athlètes, ſubiſſaient quelquefois, par rapport à la rate, des opérations
dont la ſenſibilité ſe révolte. Les Phyſi-
ciens ſavent combien ce viſcère influe
ſur la légèreté du corps humain ; comme
ſa fonction dans l'économie animale, eſt
de ſubtiliſer le ſang, ſi ce fluide, par la
mauvaiſe conſtitution de l'organe qui
l'élabore, s'épaiſſit, les muſcles s'engour-
diſſent ; de plus ce viſcère, gonflé ou
endurci, ne peut manquer, en compri-

mant le diaphragme, de rendre la respiration fréquente & laborieuse. Les Coureurs, pour se mettre en état, malgré une nature marâtre, de remporter le prix de la course, employèrent souvent des remèdes internes de la plus grande activité, pour diminuer le volume de la rate ; quelquefois même, ils employèrent le fer & le feu pour l'extirper ; car il n'est pas démontré, en Anatomie, que ce viscère soit essentiel à l'homme (a).

Un Athlète, qui avait subi avec distinction le noviciat le plus rigoureux, n'était pas encore sûr d'être admis au

____

(a) *Peculiare cursûs impedimentum*, dit Pline, *aliquando in liene ; quamobrem inuritur cursorum laborantibus*, Hist. Natur. lib. 11, cap. 37 ; cette opération était même si peu mortelle, qu'Hippocrate nous en a laissé les détails historiques : on prenait, dit ce Médecin, des champignons desséchés, on y mettait le feu, & on les appliquait, jusqu'au nombre de huit ou dix, sur la région de la rate. Chacun d'eux laissait son escarre. *De intern. at. sect.* s. 20.

concours dans les Jeux Olympiques. On exigeait de lui qu'il fût Grec, & que sa naissance ne fût point équivoque ; la moindre tache sur ses mœurs & sur sa vie, était aussi un titre d'exclusion. Un Héraut, à cet effet, à l'ouverture des Jeux, promenait le Candidat dans toute l'étendue du stade, ayant toujours la main sur sa tête, pour le désigner au peuple assemblé ; & si quelqu'un élevait des doutes légitimes sur sa naissance ou sur sa personne, on le renvoyait, avec ignominie, hors de la barrière.

L'Athlète, une fois admis, était conduit, en cérémonie, à l'autel de Jupiter, pour y jurer qu'il avait subi son noviciat, & qu'il observerait religieusement toutes les loix de la gymnastique. Ce Jupiter portait la foudre dans chaque main, *pour inspirer*, disent les Anciens, *plus de terreur aux parjures.*

Parmi les loix de gymnastique, dont l'Athlète admis jurait l'observance, il y en a une qui fait honneur à l'humanité

des Grecs. Il était défendu, dans les exercices fanglans, de la lutte ou du pugilat,
de tuer volontairement fon adverfaire,
même quand il ne lui reftait pas d'autre
reffource pour triompher; s'il y avait un
meurtre, & qu'il parût prémédité, l'A-
thlète vainqueur était privé de la couronne; affront fi fenfible à ces êtres avides
de gloire, que Cléomède, l'un de ces
affaffins, en perdit la raifon.

Il n'était pas effentiel, dans les quatre
grands Jeux de la Grèce, de combattre
pour être couronné; il fuffifait de fe préfenter dans l'arène, & de défier le corps
des Athlètes; car il y avait des héros, tels
qu'Hercule & Milon, dont la grande
renommée écartait tous les adverfaires
qui auraient pu fe mefurer avec eux. Alors
ils recevaient la palme, comme s'ils avaient
été vainqueurs, & femblaient, par cet
aveu tacite de fupériorité, triompher,
non d'un homme, mais de toute la
Grèce.

Quelquefois on couronnait un Athlète

mort, quoique son adversaire fût plein
de vie. Ce paradoxe est expliqué par Phi-
lostrate (a). Un Lutteur célèbre disputait
le prix du pancrace à Olympie ; son adversaire le saisit à la gorge, & , au moment
où il était prêt d'être suffoqué, il eut assez
de présence d'esprit pour lui saisir le pied,
& lui casser un des orteils. Alors la scène
changea ; l'Athlète estropié, vaincu par la
douleur, demanda quartier, & l'Athlète
expirant, fut proclamé vainqueur.

Aussitôt qu'un Athlète avait été couronné, on le revêtait d'une robe triomphale, & on lui faisait parcou[rir] [...]
précédé d'un Héraut, qui [...]
peuple de son nom & [d]e la v[ille]
l'avait vu naître ; alors les acclama[tions]
faisaient entendre : on jettait des [...]
l'Athlète, & les Poètes lyriques p[...]
raient son apothéose.

De retour dans sa patrie, l'Athlè[te]

(a) *Icon.* lib. 2 , imag. 6.

vainqueur voyait ſes concitoyens partager l'ivreſſe de ſa gloire. Il entrait dans la ville, monté ſur un char à quatre chevaux, non par la porte, mais par une brèche faite exprès aux remparts, comme pour faire entendre que des hommes, deſtinés à vivre avec un guerrier couronné, pouvaient ſe repoſer ſur ſa valeur, ſans chercher à s'entourer d'une vaine enceinte de murailles.

Ce triomphe était ſouvent terminé par des feſtins ſomptueux, que l'Athlète couronné donnait au peuple. Un Empedocle d'Agrigente (a), cédant à la tyrannie de l'uſage, invita ſes concitoyens à un repas; mais il était diſciple de Pythagore, &, à ce titre, il ne pouvait, ſans apoſtaſie, faire paraître de la chair ſur ſes tables; le Philoſophe ſe tira d'affaire, en formant un bœuf factice avec des aromates, qu'il dépéça le jour du feſtin, & qu'il diſtribua

______

(a) *Athen.* Deipnoſoph. lib. 1, cap. 3.

à ſes convives; l'odorat ainſi ſatisfait, on ſervit, à ceux qui avaient faim, du lait, des fruits & des légumes.

Outre les honneurs décernés à l'Athlète victorieux, à l'époque de ſon triomphe, on lui accordait des priviléges très-étendus, dont il jouiſſait tout le cours de ſa vie. Un des plus honorables, était le droit de préſéance dans les quatre grands Jeux de la Grèce, & un des plus lucratifs, l'avantage d'être nourri, juſqu'à ſa mort, aux dépens de ſes concitoyens. Cependant, à cauſe de la multitude d'Athlètes dont la vieilleſſe pareſſeuſe devenait à charge à leurs villes, on reſtreignit, dans la ſuite, preſque par tout, le dernier privilége. Solon, en particulier, changea, en une penſion annuelle très-modique, le droit d'être nourri aux dépens d'Athènes. Il ne voulait pas qu'un frivole héros de Jeux, pût ſe croire au niveau du grand homme qui avait ſervi la patrie par ſes lumières ou par ſes victoires.

Solon, circonſcrit dans ſes réformes

législatives , par l'opinion , ce tyran de tous les hommes rassemblés en société, n'osa pas étendre sa réforme jusqu'aux statues des Athlètes; cependant, l'abus, en ce genre, était déja porté, à cette époque, à son dernier période; on faisait respirer, en bois, en marbre, en bronze, non-seulement les Athlètes, mais encore les chevaux qui leur avaient procuré la victoire, & il était bien étrange de voir, dans une place publique d'Athènes, le cheval d'un Coureur, figurer avec l'image sublime d'un Aristide ou d'un Socrate.

l'honneur d'être cité dans les annales de la Grèce & de leur servir d'époque, devait encore plus flatter la vanité des Athlètes, que l'érection d'une statue ; il est vrai que cet usage étrange, fut un grand nombre de siècles, avant d'être adopté par les Historiens. Il y avait 806 ans qu'Athènes avait un Ere, quand on s'avisa de désigner, par le nom de l'Athlète Corœbus, la première des Olympiades.

Le dernier monument du délire de la reconnaiſſance Grecque envers les Athlètes, eſt leur apothéoſe. Quelques nuages que le ſcepticiſme ait cherché à répandre ſur ce trait, qui deshonore les Inſtituteurs des hommes, il y a trois faits, en ce genre, qu'une critique ſaine ne peut révoquer en doute ; les Inſulaires de Thaſe déifièrent, après ſa mort, le Lutteur Théagène, un de leurs compatriotes (a) ; la ville d'Egeſte défera les mêmes honneurs religieux à Philippe de Crotone, le plus bel homme de ſon ſiècle, qui avait été couronné aux Jeux Olympiques (b). L'anecdote la plus étrange, eſt celle d'Euthyme de Locres ; je dois à la Philoſophie de rapporter ici les termes de Pline, l'Hiſtorien de cette apothéoſe.

» Euthyme, à un combat près, tou-
» jours couronné aux Jeux Olympiques,

(a) *Pauſan.* Eliac. lib. 2, cap. 11.
(b) *Herod.* lib. 5.

» se vit déférer, pendant sa vie, & lors-
» qu'il jouissait de tous ses sens, les
» honneurs divins. L'Oracle de Delphes,
» & Jupiter lui-même, le Souverain des
» Immortels, ordonnèrent cette apo-
» théose. On avait érigé, à l'Athlète,
» une statue, dans Locres sa patrie, &
» une autre à Olympie, théâtre de ses
» exploits. Ces deux monumens furent
» frappés, le même jour, de la foudre,
» ce qui parut une merveille à Callimaque
» (Président des Jeux), & valut à l'A-
» thlète un culte public, pendant sa
» vie & après sa mort ; pour moi, je ne
» vois ici d'autre merveille, sinon, que
» les Dieux ayent donné leur aveu à une
» pareille apothéose (a) «.

(a) *Consecratus est vivus sentiens que, oraculi (Delphici) jussu & jovis deorum summi estipulatu, Euthymus pycta, semper Olympia victor, aut semel victus. Patria ei Locri in Italia : ibi imaginem ejus & Olympia alteram, eadem die tactam fulmine, Callimachum ut nihil aliud miratum video, ad eumque jussisse sacrificari :*

quod & vivo factitatum & mortuo : nihil que adeo mirum . aliud , quam hoc placuisse diis. Voy. *Plin.* Histor. Natur. cap. 7 , cap. 47.

DE QUELQUES ATHLÈTES CÉLÈBRES,

ET EN PARTICULIER DE MILON DE CROTONE.

Nous avons eu le courage de mettre la coignée dans cette forêt d'erreurs & de fables, qui couvre la Grèce dans son âge primitif, mais nous ne tarderons pas à nous appercevoir, que ces arbres antiques, tout mutilés qu'ils sont, ont quelquefois poussé des racines jusques dans le beau siècle d'Alexandre.

NICODORE (a). — Cet Athlète ne fit point de merveilles ; mais son nom n'en est pas moins digne de passer à la postérité. Ivre de gloire, & entraîné par le préjugé de son siecle, qui la mettait presque toute

(a) *Elian.* Var. Histor. lib. 2, cap. 23.

entière dans la gymnastique, il obtint,
d'abord, un grand nombre de couronnes,
au combat du ceste & du pugilat; mais
quand sa raison, mûrie par l'âge, lui eut
démontré le néant de cette gloire Athlétique, il abandonna l'arène d'Olympie
& les Gymnases, pour étudier les hommes,
leurs mœurs & leurs législations. Ses travaux eurent un succès qui surpassa son
attente; car Mantinée, voyant que la
vigueur physique de ce Lutteur avait passé
jusqu'à son intelligence, le choisit, pour
lui dresser un code de loix; on croit que
le Sophiste Diagoras, servit Nicodore dans
la rédaction de ce code; mais il est probable que ce fameux impie n'y répandit
aucun germe d'athéisme, car aucun édifice
social ne peut avoir de base, sans l'intervention de Dieu, & le dogme de l'immortalité

POLYMNESTOR (*a*). Polymnestor était

______

(*a*) *Solin Polyh.* cap. 1; *Plin.* Histor. Natur.
lib. 7, cap. 20; *Antholog.* lib. 1.

un simple berger de Milet, dont la vîtesse tenait du prodige. Les Anciens disent (& notre vénération pour eux, ne doit pas aller jusqu'à les croire) qu'il forçait un lièvre à la course. Son maître le mena au plus célèbre des Jeux de la Grèce, & il y remporta le prix, en la quarante-sixième Olympiade.

Pline, pour affaiblir l'incrédulité des Philosophes, sur le phénomène des courses Grecques, cite Philonide, le Coureur d'Alexandre, qui allait, en neuf heures, de Sicyone à Élis; le trajet est de douze cents stades vulgaires (environ vingt-sept de nos lieues astronomiques); mais les prodiges ne se justifient pas par d'autres prodiges.

Quand on se rend l'Historien des faits qui contredisent la raison humaine, il faudrait du moins, pour ne point en imposer aux siècles, ne citer que des Poëtes pour ses autorités; ainsi, lorsque dans la liste des Coureurs célèbres de l'antiquité, on trouve le nom d'Arias en regard avec celui de Polymneſtor, il ſuffit de ſavoir qu'Arias n'eſt connu que par une épigramme de l'Anthologie, où l'on dit que cet Athlète, *plus rapide que Per-ſée, monté ſur le Pégaſe, ne ſe faiſait voir aux Grecs, que dans deux points du ſtade qu'il parcourait, à la borne & à la barrière.*

THÉAGÈNE. (*a*). — Cet Athlète était fils de Timoſthène, Prêtre de Thaſe. On prétendit, dans le tems, qu'il était né d'Hercule; le Dieu, dans ce récit, ſéduiſit la femme de Timoſthène, & prenant la figure du Prêtre, joua auprès d'elle le rôle d'Amphytrion. Toute cette hiſtoire eſt fondée ſur quelqu'intrigue amoureuſe, qui aboutit à une naiſſance illégitime; on ne put ſauver l'honneur du Prêtre, qu'en lui donnant un Dieu pour rival.

Dans nos climats, on vante la beauté

(*a*) *Pauſan. Eliac.* lib. 2, cap. 11.

des enfans de l'amour ; dans l'ancienne Grèce, on ne parlait que de leur force. Théagène, à l'âge de neuf ans, paſſant dans une place publique, & voyant, dit-on, une petite ſtatue de bronze qui était à ſon gré, la chargea ſur ſon épaule, & l'emporta. Cette ſtatue, malheureuſement, était celle d'un Dieu ; des fanatiques, irrités d'un pareil ſacrilége, voulurent maſſacrer le jeune brigand, & ce fut, avec beaucoup de peine, qu'un Philoſophe l'arracha de leurs mains. Cependant, Théagène fut condamné à rendre la ſtatue ; il la chargea de nouveau ſur ſon épaule, & la reporta ſur ſa baſe. Ce trait acheva de convaincre les incrédules, que le bâtard du Prêtre de Thaſe, était fils d'Hercule.

Théagène, devenu grand, diſputa les prix aux quatre grands Jeux de la Grèce, & par-tout il fut vainqueur. Pauſanias, qui ſe permet de parler de cet Athlète, comme ſi c'était un Perſée ou un Bellérophon, dit, dans ſa langue hyperbolique,

qu'il remporta jufqu'à quatorze cents con-
ronnes.

Après la mort de Théagène, un des
Lutteurs qu'il avait vaincus aux Jeux
Olympiques, dans le délire de fa vengeance, s'avifa de venir, la nuit, frapper
de verges la ftatue de ce héros, & comme
elle était mal affermie fur fa bafe, elle
tomba fur lui, & l'écrafa. Les enfans du
mort, en vertu des loix terribles de
Dracon, fur l'homicide, citèrent, en
juftice, la ftatue de Théagène, qui,
après un jugement authentique, fut
condamnée à être jettée dans la mer. A
peine l'arrêt des Magiftrats de Thafe
avait-il été exécuté, que la ville fe vit en
proie aux horreurs de la famine; on con-
fulta l'Oracle, qui ne trouva d'autre
remède, pour faire ceffer le fléau, que
d'appaifer les mânes de Théagène; un
hafard fingulier, amena, vers ce tems-
là, dans des filets de Pêcheur, la ftatue
homicide; & un autre hafard, non moins
heureux, ayant fait ceffer la famine, le

peuple de Thafe, par reconnaiffance pour
fon Athlète, fit fon apothéofe.

POLYDAMAS (*a*). — Cet Athlète de
Theffalie, avait une taille coloffale, ce
qui lui donnait encore plus de rapport
avec les héros de la Grèce primitive. Sa
vie eft un tiffu de merveilles ; on prétend
qu'un jour il tua, fur le mont Olympe,
fans avoir d'autres armes que celles de la
nature, un lion monftrueux qui y exerçait fes ravages. Il donna, quelque-tems
après, une autre preuve, non moins
étonnante, de fa vigueur. Se trouvant au
milieu d'un troupeau, il choifit le taureau
le plus indompté, le faifit par un de fes
pieds de derrière, & le retint fi bien,
que l'animal, malgré fes fecouffes impétueufes, ne put s'échapper, qu'en laif-
fant la corne de fon pied entre les mains
de l'Athlète.

Darius Nothus, inftruit de tous ces
prodiges, eut la curiofité de voir le rival

––––––––––––––––––––

(*a*) *Paufan.* Eliac. lib. 2, cap. 5.

d'Hercule. Polydamas vint à Suze, défia les plus braves guerriers de la cohorte *des Immortels*, se battit seul contre trois d'entr'eux, & les étendit morts à ses pieds. Ce trait rendit moins problématiques, l'histoire du taureau indompté, & celle du lion du mont Olympe.

On se doute bien que Polydamas n'eut qu'à se présenter dans les Jeux, pour y remporter des couronnes. Sa renommée engagea le fameux Lysippe à faire sa statue. Cet Artiste représenta, en bas-relief, sur le piedestal, une partie des exploits de son héros, & consacra, dans une inscription, la mémoire de ceux qui avaient échappé à son ciseau. Cette statue était colossale.

La fin de Polydamas fut aussi merveilleuse que sa vie. Ce héros était entré dans une grotte, pour y respirer un air plus frais; à peine était-il assis, que le rocher qui formait la voûte, parut s'entr'ouvrir; les amis de Polydamas, épouvantés, prennent la fuite; pour lui, qu'aucun danger n'effraye, il étend fes bras nerveux, pour foutenir un des rocs qui fe détache ; mais le fiècle des Encelades était paffé, la montagne s'écroula, & enfevelit l'Athlète préfomptueux fous fes décombres.

MILON (a). — La vie de ce Lutteur de Crotone, forme, dans l'hiftoire de la gymnaftique, ce que j'appelle le dernier filon de la mine des merveilles. Ses nombreux triomphes aux quatre grands Jeux de la Grèce, femble la moindre partie de fa gloire Athlétique. On cite de fa force, des traits qui ne femblent poffibles, qu'à ceux dont l'imagination exaltée, fe berce des fables Grecques fur Hercule, & de nos romans fur la Chevalerie.

Milon portait, dit-on, fur fes épaules, fa propre ftatue, faite de bronze. Ce

____

(a) *Diod. Sicul.* lib. 2, 11 & 12 ; *Paufan. Eliac.* lib. 2, cap. 14 ; *Elian.* Var. Hiftor. lib. 2, cap. 24, & lib. 12 cap. 22.

monument était de la même hauteur que le héros qu'il repréfentait ; ainfi , ce trait de force eft bien fupérieur au fameux larcin de Théagène.

L'Athlète de Crotone pofait le pied fur un difque qu'on avait huilé , pour le rendre plus gliffant , & quelqu'effort qu'on fît , il était impoffible d'ébranler fon corps , qui femblait avoir pris l'immobilité d'un rocher.

Il s'entourait la tête d'une corde qui lui fervait de diadême ; enfuite il s'ôtait la liberté de refpirer. Dans cet état de contraction , le fang fe portait à la tête , enflait les veines du front , & la corde fe rompait. Ce jeu , fouvent répété , ne devint jamais plus funefte au héros de Crotone.

Après tous ces prodiges , les Hiftoriens de Milon , pouvaient fe difpenfer de parler de la grenade qu'il tenait dans fa main , fans en écrafer le fruit , malgré les efforts réunis de plufieurs Athlètes , qui cherchaient à la lui arracher. Il n'y avait , dit-on, qu'une feule perfonne dans la Grèce, qui pût, dans cette occafion, entr'ouvrir la main du héros; c'était fa maitreffe. Ce qui n'eft rien moins qu'une merveille.

Milon ne trouva un rival digne de lui, que dans le berger Titorme, efpèce de géant qui habitait l'Etolie. Il y avait, fur le bord d'un fleuve, un rocher que l'Athlète ne put rouler qu'en épuifant toute fa vigueur. Le berger l'éleva d'abord jufqu'à la hauteur de fes genoux, enfuite le chargea fur fes épaules, & finit par le porter l'efpace de huit pas; non content de ce triomphe, il faifit, de chacune de fes mains, un taureau fauvage, & quelques efforts que fiffent ces deux animaux terribles pour s'échapper, ils n'y réuffirent que quand l'Athlète les abandonna lui-même à leur impétuofité naturelle. Milon fe confola d'avoir rencontré un maître, en difant *que la terre poffédait, en Titorme, un fecond Hercule.*

Nous avons vu, dans l'hiftoire de

Sybaris, comment Milon ſut rendre ſa bravoure utile à ſa patrie. Crotone le fit ſon Général d'armée dans ſa guerre contre Sybaris ; alors les petites villes qui ne jouaient aucun rôle en Europe, levaient des armées de trois cents mille hommes. Sybaris, quoiqu'habitée par un peuple de femmes, ſortit de ſes remparts avec ce nombre effroyable de guerriers. Crotone ne lui en oppoſa que cent mille ; mais Milon qui les commandait, valait ſeul toute une armée. Cet Athlète parut ſur le champ de bataille, orné des ſix couronnes qu'il avait gagnées aux Jeux Olympiques, couvert comme Hercule d'une peau de lion, & agitant, ainſi que lui, une énorme maſſue. A en croire Diodore, il renverſa, par la ſeule force de ſon corps, un bataillon qu'on lui avait oppoſé, ce qui détermina la victoire. Cet exploit était au-deſſus de ceux de Titorme ; mais un Lecteur Philoſophe aimerait mieux le rencontrer dans un chant de l'Iliade, que dans l'Hiſtoire des Hommes.

La mort de Milon rentre un peu dans l'ordre naturel. Cet Athlète n'était plus dans la force de l'âge ; un jour qu'il parcourait une forêt non éloignée de Crotone, il apperçut un vieux chêne, dont on avait fendu le tronc en deux avec des coins ; se rappellant alors le tems où il renverfait feul un bataillon de Sybarites, il voulut, fans le fecours d'aucun inftrument, achever de partager l'arbre en deux ; mais à peine fes mains eurent-elles pénétré dans l'ouverture, que les coins tombèrent ; alors les deux parties du tronc mutilé, cédant à leur reffort naturel, fe rejoignirent, & Milon, fans défenfe, fut bientôt entouré des bêtes féroces qui le dévorèrent.

Hâtons - nous de quitter ce monde enchanté, qui ne tient que par la chronologie au fiècle d'Alexandre.

HISTOIRE

DE

SOCRATE.

COMMENCEMENS DE CE PHILOSOPHE (a).

Depuis que la Grèce a abandonné la Gymnastique Militaire, pour s'occuper de

---

(*a*) Nos autorités, pour la vie entière de Socrate, sont *Thucyd.* Histor. Passim ; *Xenoph.* de reb. Mirabil. & Apolog. Socrat ; *Plat.* in Crit. in Phed. & in Apol. Socr. ; *Diog. Laërt.* in Socrat. ; *Elian*, Var. Histor. lib. 4 , cap. 13 , & lib. 8 , cap. 1 ; il est important de ne point morceler, par des citations de détail, une vie aussi importante que celle de Socrate, à moins qu'il ne s'agisse de faits problématiques, sur lesquels notre délicatesse demande que le Public soit mis à portée de prononcer.

la Gymnaſtique de Spectacle, Athènes a pris part à la révolution ; déja elle preſſent ce beau ſiècle d'Alexandre, qui, bien plus que ſes victoires de Platée & de Marathon, doit la rendre recommandable aux générations à naître. Elle ne ſuſpend plus aux voûtes de ſes temples, les drapeaux ſanglans des barbares, mais elle les décore des chef-d'œuvres d'Apelle & de Phidias ; on ne voit plus ſes héros ſur les champs de bataille ; mais Homère les chante dans l'Epopée, Sophocle les fait parler ſur le théâtre, le ciſeau des Artiſtes les fait reſpirer en marbre ou en airain dans les places publiques. Ce grand changement qui s'eſt opéré dans les eſprits, eſt dû, en grande partie, à une philoſophie ſage, qui a éclairé le globe ſur les vrais principes du pacte ſocial, ſur le néant d'une gloire deſtructive, ſur le prix du ſang des hommes ; & le héros de cette philoſophie bienfaiſante, eſt l'immortel Socrate.

Socrate, dans les préjugés de nos

Monarchies modernes, n'eut point d'ancêtres; fa famille vertueufe, mais obf-
cure, s'occupait, de père en fils, du
méchanifme de la fculpture. On appellait
fon père Sophronifque, & fa mère Phénarète. Cette dernière, hors d'état d'élever
fon fils, avec le produit d'un attelier
ignoré, fe fit fage-femme.

Socrate, parvenu, dans la fuite, aux
Magiftratures de fa patrie, rougit fi peu
d'une pareille généalogie, que dans fes
entretiens académiques avec les principaux
de la nobleffe d'Athènes, il prenait
plaifir à tirer fes comparaifons des deux
métiers de Sophronifque & de Phénarète :
tantôt il fe difait chargé, par fon génie,
de *vivifier de froides ftatues* : tantôt il
bornait tout fon talent, auprès de fes
profélytes, à *être la fage-femme de leurs
penfées*. Il y avait bien de la philofophie
à tirer ainfi vanité de n'avoir eu qu'un
lot défavantageux dans ce jeu de hafard,
qu'on appelle la naiffance.

Sophronifque donna fon talent à fon

fils, & il eft probable que le jeune Philofophe y acquit quelque célébrité : car
on voyait, dans la citadelle d'Athènes,
une ftatue de Mercure, & un grouppe
des Graces, qui étaient fon ouvrage :
comme Socrate vivait dans le beau fiècle
de Périclès, il eft difficile de croire qu'A-
thènes, le centre du bon goût, eût admis,
dans fes édifices publics, les eftais in-
formes d'un Artifte fans génie, parmi
les chef - d'œuvres des Phidias & des
Praxitèles.

Ce fut Criton qui preffentit le premier
le bien que la raifon profonde de Socrate
devait faire au monde. Le hafard ayant
conduit ce riche Athénien dans fon attelier, il fut frappé de fes vues nouvelles
fur le progrès des arts, & jugeant qu'une
plume était plus faite qu'un cifeau pour
occuper fon génie, il le retira dans fa
maifon, & lui confia l'éducation de fes
enfans. Ce Criton n'était point un Mécène
vulgaire : il cultivait les arts, & ne les
protégeait pas. L'Antiquité cite de lui

des Essais de Morale très-estimés, en dix-sept dialogues (*a*).

L'emploi pénible & délicat de faire des hommes n'était point, dans les mœurs Grecques, un état avilissant. Socrate, Instituteur des enfans de Criton, devint l'ami intime soit de son Mécène, soit de ses Elèves; il profita de son crédit pour exercer la bienfaisance à sa manière. Phédon, qui devint, dans la suite, un des plus ardens propagateurs de la saine philosophie, était alors esclave, & prostituait son génie aux caprices d'un maître; Socrate engagea Criton à le racheter, & de ce moment Athènes compta, dans ses remparts, un Sage de plus.

Socrate réussit dans l'éducation dont il s'était chargé, parce qu'il étudia la nature du terrein dont on lui donnait la culture, avant d'y répandre les germes qui devaient le féconder. Son grand principe était de ne point épuiser les sucs géné-

______

(*a*) *Diog. Laërt.* in Criton.

rateurs d'une terre vierge, & quand on lui demandait quel était l'enfant dont l'éducation était la plus parfaite, il répondait, *celui qui n'embrasse rien de trop.*

Socrate profita du loisir que lui laissait l'amitié de Criton, pour parcourir lui-même le cercle entier des connaissances humaines. Les arts agréables furent les premiers qui sourirent à son imagination encore dans sa fleur : ainsi il fut Poète & Orateur avant de devenir Philosophe.

Les charmes de la Poésie n'arrêtèrent qu'un moment ce beau génie : il sentit bientôt que le tems qu'il employait à compasser des mots, était perdu pour l'art bien plus utile d'enchaîner des idées. Cependant, il se forma assez le goût pour donner, au besoin, à Euripide, des conseils dans la contexture de ses pièces : les Anciens ont même écrit qu'il avait travaillé à quelques-unes de ses tragédies.

C'est Socrate, sans doute, qui engagea ce rival de Sophocle à mettre un but moral dans ses ouvrages dramatiques, afin que

le théâtre d'Athènes pût devenir, en tout
fens, un fpectacle national, & que les
leçons du génie ne fuſſent pas perdues
pour la vertu.

Cependant Euripide, quelquefois, ſe
laiſſant aller au torrent du mauvais goût,
ſe permettait des vers déclamateurs fur
les objets les plus refpectables. Socrate,
ami du Poëte, mais encore plus des mœurs
publiques, ne pouvait contenir alors ſa
jufte indignation. Un jour que l'acteur,
dans une tragédie, qui heureuſement
n'eft point parvenue juſqu'à nous, difait
avec emphaſe :

Qu'il eft bon, en péril, d'abdiquer la vertu.

le Philofophe ſe leva, & ſortit du fpectacle (*a*).

On fait que le grand Corneille a flétri
d'un vers non moins odieux ſa tragédie
de Sertorius :

L'honneur & la vertu font des noms ridicules.

***

(*a*) *Diog. Laërt.* in Socrate.

mais perſonne ne ſe leva à la première repréſentation. Montauſier, qui était, à quelques égards, le Socrate du ſiècle de Louis XIV, n'avait pas le goût auſſi épuré que les mœurs; il confondait quelquefois le ſublime avec le blaſphême.

Socrate, initié, autant qu'il en avait beſoin, dans les myſtères de la poéſie, voulut l'être dans ceux de l'éloquence. Il vint à l'école d'Aſpaſie, qui, à cette époque, avait quitté le rôle de courtiſanne pour devenir homme, & ce qui eſt encore plus étonnant, un grand homme. La Miléſienne, comme nous l'avons déja fait entendre dans ſa vie, apprit au Philoſophe à mettre dans ſa morale cette fleur d'urbanité, qui ſeule la fait valoir chez des peuples à-la-fois polis & corrompus. Aſpaſie, de ſon côté, goûta la méthode ingénieuſe du Sage de tirer, dans un dialogue adroit, la vérité, du fond du cœur de la perſonne qui veut s'inſtruire, & de ſe faire la ſage-femme de ſes penſées. Il eſt probable même qu'elle s'en fervit plus d'une fois pour gouverner Périclès, qui gouvernait fa République.

Socrate, confeil d'Euripide en poéfie, élève d'Afpafie en éloquence, n'était encore rien pour la poftérité; c'eft à la Philofophie qu'il doit le grand nom qu'il a laiffé dans tous les âges; & voilà le vrai point de vue fous lequel l'Hiftoire doit l'envifager.

Cette partie problématique de la Phyfique, qui traite de l'effence des êtres, fut le premier objet des études philofophiques de Socrate. Le Sage ne tarda pas à s'appercevoir que les fophiftes n'avaient, à cet égard, que des doutes à lui propofer, & il ne proftitua point fon génie à deviner des énigmes.

Socrate quitta les ténèbres de l'Ontologie, pour fe livrer à la contemplation de la Nature : malheureufement la Phyfique des Grecs était alors à fon berceau. L'Efprit obfervateur n'avait raffemblé que peu de faits, & la Raifon n'avait pas eu

le tems de les mûrir. La Nature, à l'ouverture du siècle de Périclès, semblait
une forêt immense, partagée par mille
petits sentiers qui communiquaient entr'eux, pour perpétuer l'égarement du
voyageur : les grandes routes ne commencèrent à y être percées que quatre générations après, par Aristote.

Anaxagore était le plus instruit de tous
les Physiciens que Socrate prit pour maîtres. Cependant sa doctrine, sur les phénomènes de la Nature, n'était, en général,
qu'un tissu des vieilles erreurs populaires ;
il croyait le globe de la terre immobile,
& enseignait que le soleil n'est qu'une
masse de feu de la grosseur du Péloponèse.

Enfin Socrate, revenu de ses projets
d'érudition frivole, & persuadé que le
citoyen, pour payer sa dette envers la
patrie, doit plutôt chercher ce qu'il doit
faire, que ce qu'il doit croire, se livra
à la morale. Il abandonna les sophistes,
ferma les livres, & chercha, dans son

cœur, l'original du double contrat qui lie l'homme à Dieu & à ses semblables.

» Ce Sage, dit un des Héros de Rome » Républiqne, fut le premier qui ima-» gina de faire descendre la Philosophie » du ciel, de lui ouvrir les portes des » villes, & de l'introduire jusques dans » les maisons des simples citoyens, la » mettant ainsi à la portée de la multi-» tude, & l'arrachant du sein des contem-» plations oiseuses, pour l'occuper de la » science des mœurs & de la vertu (*a*) «.

Socrate, propagateur de la morale la plus pure, Socrate, embrassant tous les hommes dans sa bienveillance, Socrate, n'usant de son génie que pour faire aimer la vertu, présente le plus beau spectacle dont la raison perfectionnée puisse s'oc-

---

(a) *Socrates primus Philosophiam devocavit è cælo & in urbibus collocavit, & in domos etiam introduxit, & coëgit de vita & moribus, rebusque bonis & malis quærere.* Voy. *Cicer.* in Tuscul. lib. 5.

cuper. Deſſinons rapidement toutes les parties de ce magnifique tableau, & puiſque le plus grand des hommes a trouvé des ennemis juſques dans nos âges modernes, employons, à juſtifier ſa mémoire, quelques lignes de cet Ouvrage, que ſon nom, peut-être, ſauvera de l'oubli. Au reſte, la défenſe de Socrate ſera toute entière dans l'expoſition des faits. Il n'en faut pas d'autre, quand on vit dans un ſiècle de lumières, & qu'on parle d'un grand homme.

L'ORACLE DE DELPHES,

DÉCLARE SOCRATE LE PLUS SAGE DES HOMMES.

IL y avait déja long-tems que les Oracles avaient perdu leur antique renommée. Celui de Delphes, qui, dans les siècles primitifs, avait fait tant de fois la destinée des Monarchies, réduit, par l'introduction des lumières, à un silence presqu'absolu, s'agitait obscurément dans la poussière de son sanctuaire : enfin, l'ambition des Prêtres d'Apollon s'éclaira sur ses vrais intérêts ; la Pythie, au lieu de mentir au Ciel & à la Terre, en lisant l'avenir sur son trépied, s'occupa quelquefois à prévenir les guerres du Péloponèse, à indiquer aux Grecs leurs Sages, ou leurs bons Législateurs. La Tolérance même se montrait de tems en tems autour de ces autels, tant de fois arrosés de sang humain. On se rappelle le mot admirable de la Prêtresse Théano, quand les Magistrats fanatiques d'Athènes voulurent la forcer de maudire la mémoire d'Alcibiade : *Les Dieux m'ont fait leur Ministre, pour bénir les hommes, & non pour les maudire.* Un mot pareil ne pouvait sortir de la bouche d'une Pythie, qu'au siècle de Socrate.

La fameuse réponse sur le grand homme dont nous écrivons la vie, est une de celles qui a le plus réconcilié la Raison avec les Oracles. Chéréphon, nouveau prosélyte de la Philosophie, se trouvant à Delphes, interrogea Apollon, pour savoir quel était le plus sage des hommes, & la Pythie, sans monter sur son trépied, sans attendre l'inspiration céleste, au milieu des convulsions, répondit aussi-tôt que c'était Socrate.

Il faut voir, dans la harangue que ce grand homme prononça devant les fanatiques qui le condamnèrent à la mort, harangue que Platon nous a conservée, comment il justifia le sens de cet Oracle, qu'il n'avait point sollicité. Voici ses propres paroles : elles perdraient de leur prix, même dans l'analyse (*a*).

 » Instruit de la réponse d'Apollon, je
» repliai mon ame sur elle-même, pour
» deviner cette grande énigme ; car d'un
» côté la Divinité ne peut mentir, & de
» l'autre, je sens très-bien que la sagesse
» par excellence, dont parle l'Oracle, n'est
» point mon partage. Il y avait donc un
» sens caché sous ces paroles mystérieuses,
» & j'employai toute ma faible intelli-
» gence à le chercher.

 » Il y avait, dans Athènes un homme
» d'Etat, initié dans les [illegible] te la
» politique, dont on pro[illegible] raison
» profonde pour modèle : [illegible] rendis
» dans sa maison, dans l'[illegible]ention d'é-
» prouver la véracité de l'Oracle. Mon
» entretien avec lui commença à me

(*a*) *Plat.* Apolog. Socrat.

„ donner des lumières ; je vis que ce
„ prétendu Solon, qu'on croyait le plus
„ fage des hommes, & qui fe repaîffait
„ lui-même de cette illufion, n'avait
„ aucun mérite qui pût juftifier fa renom-
„ mée ; je voulus déchirer fon bandeau ;
„ mais une vérité fi cruelle l'offenfa, &
„ il devint mon ennemi pour jamais.

„ De retour chez moi, je réfléchis
„ fur cette entrevue : cet homme, me
„ dis-je à moi-même, pourrait bien être
„ auffi ignorant que moi, fur ce qui conf-
„ titue le jufte & le beau ; mais il y a
„ cette différence entre nous deux, que
„ lui, qui ne fait rien, croit tout favoir,
„ tandis que moi, qui ne fais rien, j'en
„ fais l'aveu avec franchife. Ce contrafte
„ me donne quelqu'avantage fur l'homme
„ d'Etat, & je ne dois pas me preffer d'ac-
„ cufer l'Oracle d'impofture.

„ Je répétai mon expérience fur d'au-
„ tres chefs de la République, & je trou-
„ vai par-tout les mêmes réfultats.

„ Après avoir cherché ainfi vainement

» la fageffe chez les hommes d'Etat, je
» defcendis chez les Poètes, & fur-tout
» chez les faifeurs de dithyrambes. Je
» les interrogeai fur le but & le plan de
» ceux de leurs ouvrages qui me fem-
» blaient le plus travaillés : j'ai honte
» de le dire, Athéniens; mais il n'y avait
» aucun des ignorans qui affiftaient à mon
» expérience, qui ne fût plus en état que
» l'auteur lui-même, de fatisfaire à ma
» curiofité. Je reconnus alors que la fa-
» geffe ne guide point le Poète dans fes
» travaux, c'eft fon imagination exaltée
» qui le maîtrife : il reffemble à nos
» Prophêtes, qui, dans leur enthoufiafme,
» difent de belles chofes qu'ils ne font
» pas à portée d'entendre.

» Je terminai ma carrière d'épreuves
» par les Artiftes ; je defcendis dans
» leurs atteliers, perfuadé qu'ils connaif-
» faient toutes les fineffes de l'art auxquels
» ils devaient leur renommée, & je ne
» me trompai point ; mais non moins
» préfomptueux que les Poètes & les

» hommes d'Etat, ils croyaient posséder
» encore la science universelle, & cette
» erreur absurde leur ôtait tout le mérite
» de leur capacité.

» De retour chez moi, & dans le
» silence de tout préjugé, je me demandai
» lequel était le plus sage, ou d'avoir
» l'habileté de tous les hommes que j'a-
» vais consultés, avec leur ignorance, ou
» de n'avoir ni l'une, ni l'autre : tout
» mûrement pesé, j'aimai mieux être
» moi-même, & l'Oracle fut justifié.

» Cependant, mes expériences firent du
» bruit, & d'elles naquirent ces haines
» capitales & ces calomnies absurdes qui
» ont tourmenté ma vie, & qui m'ex-
» posent aujourd'hui à la voir terminer,
» avant le terme indiqué par la Nature.

» Au reste, ma sagesse, Athéniens,
» ne mérite point que je m'en énorgueil-
» lisse; car je suis loin de savoir toutes
» les choses sur lesquelles je démontre
» l'ignorance des sophistes. Il n'y a de
» sage que l'Etre suprême, & quand

» l'Oracle m'en a donné le nom, il n'a
» voulu, fans doute, que prouver le néant
» de la raifon humaine. Le témoignage
» qu'il m'a rendu, eft une efpèce d'apo-
» logue dont voici le fens : *Hommes ,*
» *le plus fage de vous eft celui qui , comme*
» *Socrate , fait qu'il ne fait rien* «.

DU GÉNIE FAMILIER

D E

SOCRATE.

Socrate reconnu, par l'Oracle, le plus sage des hommes, en devait être le plus modeste, s'il voulait défarmer l'Envie. Aussi, pour éloigner l'idée d'une supériorité offensante pour ses concitoyens, il faisait honneur, du succès de sa prévoyance, à une espèce d'instinct qui ne le quittait point, & dont il ne pouvait expliquer la nature. C'est cet instinct que l'Antiquité a désigné sous le nom du *Démon*, ou du *Génie familier* de Socrate.

Observons que Socrate n'a jamais dit qu'il eût un génie à ses ordres ; il abandonnait, aux Prêtres d'Athènes & aux

Décorateurs de ſes théâtres , tous les preſtiges de la magie : trop éclairé pour croire qu'un être borné pût commander à la Nature , & trop ami des hommes pour les tromper , en s'attribuant un pouvoir auquel il ne croyait pas.

Au reſte , ce grand homme était fort embarraſſé à caractériſer lui-même ce génie familier ; car il cherchait à éloigner d'un côté l'idée de prodiges, & de l'autre, celle d'une ſupériorité de lumières : on voit cette perplexité dans le *Theagès*, dans le *Timée* & dans les autres dialogues où Platon fait parler ſon Maître : tantôt c'eſt une voix ſecrette , tantôt un ſigne intérieur, quelquefois une forte d'inſpiration, où il n'y a cependant rien de ſurnaturel. — Plaignons le ſiècle de Socrate , de ce que la Raiſon était obligée de balbutier, quand elle paſſait par l'organe d'un Philoſophe.

Le génie de Socrate s'exerçait particulièrement ſur les probabilités de l'avenir; mais il eſt aiſé de voir , par le petit nombre de faits de ce genre, qui nous ont été transmis par les Anciens (*a*), que Socrate, à l'exemple des Pythies, ne prétendait point au pouvoir des Prophêtes. Il est important de ne point effleurer ce point de critique, parce qu'il ne restera alors aucun nuage, sur la gloire que ce Sage a eue de donner aux hommes une morale pure, sans l'intervention des Oracles ; gloire qu'il partage avec Confucius & Marc-Aurèle.

A la journée de Délie, où les Athéniens furent mis en déroute, Socrate, qui se retirait avec Lachès & Alcibiade, leur dit qu'il avait un pressentiment secret, du danger qu'allaient subir les troupes fugitives qui suivaient une autre route ; en effet, la cavalerie ennemie tomba

---

(*a*) *Cicer.* de divinatione, lib. 1 ; *Thucyd.* lib. 7 ; *Plat.* in Theag ; *Elian*, Histor. Diverf. lib. 8, & *Plutarch.* in Demon. Socrat.

fur ces bataillons épars, & en fit un grand carnage, tandis que le Sage & fes deux amis revinrent, fans rencontre finiftre, dans Athènes. — Il eft évident que Socrate n'eft ici fupérieur à fes concitoyens, que parce qu'il a plus de fang-froid, & qu'il a mieux obfervé le champ de bataille.

La prédiction de Socrate fur le mauvais fuccès de l'armement deftiné à la conquête de la Sicile, tient encore plus à l'art très-naturel de calculer les probabilités; il fuffifait, pour rencontrer jufte dans de pareilles conjectures, de réfléchir un moment fur la force de Syracufe & fur la préfomption d'Alcibiade.

Charmide veut aller aux jeux Néméens, pour y difputer le prix de la courfe. Socrate l'en diffuade, & lui prédit qu'il ne triomphera pas, ce qui arriva en effet. Il était aifé de voir, par l'affiduité de cet Athénien à s'inftruire dans les connaiffances humaines, qu'il réuffirait mal dans les jeux fatiguans du Gymnafe: les Athlètes ne se prenaient pas d'ordinaire dans la classe des Philosophes.

Le trait de Timarque paraît, au premier coup-d'œil, un peu plus étrange. Cet homme s'était associé avec Philémon, pour assassiner un ennemi commun, & la trame avait été ourdie avec tant d'adresse, qu'elle avait échappé à la vigilance, soit du malheureux qu'on dévouait à la mort, soit du Gouvernement. Le soir même où le crime devait se commettre, Socrate se rencontre à souper avec Timarque. Comme le repas se prolongeait dans la nuit, le scélérat, qui avait donné parole à son complice, se lève tout-à-coup, & prie les convives de l'excuser, s'il s'absente un moment. Socrate, qui ne savait cependant rien d'un projet aussi sinistre, arrête Timarque, & lui parle d'une manière si persuasive, qu'il le force à se remettre à sa place. Celui-ci, peu de tems après, se lève de nouveau, & le Philosophe le dissuade encore de sortir : enfin Timarque trompe les regards de Socrate, se dérobe sans en être apperçu, & va chercher sa victime. Mais le moment propice n'était plus. Le complot manqua, & les assassins, éclairés par les satellites de la Justice, furent condamnés au supplice. Timarque, en montant sur l'échaffaut, ne dit que ce mot : *Ah, si j'en avais cru le génie de Socrate !*

Avec quelqu'enthousiasme que les Grecs, amis du merveilleux, aient parlé de cette anecdote, elle n'offre rien à une raison exercée, qui ne soit dans l'ordre naturel des effets & des causes. Timarque en était à son premier crime, & peu maître de lui-même, à son approche, le trouble de son visage trahit sans doute celui de son ame : Socrate, qu'on nous annonce comme un homme consommé dans l'art de tirer des pronostics des physionomies, soupçonna qu'un homme qui se levait de table, contre les usages reçus, & portant sur son front toute l'inquiétude du remord, pouvait aller troubler l'ordre de la fociété, & quoiqu'il n'eût que des idées vagues fur ce fujet, l'évènement juftifia fon preffentiment; mais ce grand homme, ici, n'eft que Philofophe, & il n'y a que l'ignorant qui ait droit d'en faire un Prophête.

Au refte, tous les hommes les plus éclairés de l'antiquité s'accordent à faire honneur au jugement de Socrate, des conjectures heureufes dont le vulgaire faifait honneur à fa baguette : Platon le dit manifeftement dans fes dialogues, Xénophon dans ce qu'il a raffemblé des difcours mémorables de ce grand homme; Plutarque même, à qui nous devons un ouvrage particulier fur le génie familier de Socrate, malgré fa pente à adopter tout ce qu'il rencontre de merveilleux dans la vie de fes héros, pouvant peindre celui-ci comme un nouveau Solon, ne s'avife pas d'en faire un fecond Tiréfias (a).

____

(a) L'ouvrage où Plutarque crayonne ainfi le Sage d'Athènes, a pour titre : *Du Démon familier*

Les Oracles mêmes, quelquefois, parlèrent, à cet égard, le langage des Sages:

---

de Socrate. Le Philosophe de Chéronée (ainsi
que Montagne dans son chapitre *des bottes*),
y parle de tout, excepté de son objet : enfin,
à propos de la conspiration de Pélopidas, il se
rappelle Socrate & son Démon ; & voici son
texte, que je transcris avec toute la franchise
du siècle d'Amyot, pour ne rien faire perdre
à l'anecdote de sa précieuse naïveté.

   » Un jour que j'allais chez le devin Euty-
» phron, Socrate montait.... vers la maison
» d'Andocydes, interrogeant par le chemin
» toujours, & harassant de questions Euty-
» phron, par manière de jeu ; & lors, il s'arrêta
» tout soudain, s'appuya, demeurant attentif
» un assez long-tems, puis s'en retournant tout
» court, s'en alla par la rue des faiseurs de
» Coffres, & fit rappeller ceux de ses familiers
» qui étaient devant, parce que son Esprit lui
» défendait d'aller par-là. Si il y en eut la
» plûpart qui retournèrent, quant & lui, entre
» lesquels j'en fus un, suivant toujours Euty-
» phron ; mais quelques autres jeunes hommes
» voulurent aller tout droit de propos délibéré,
» comme pour convaincre l'Esprit de Socrate,

car un difciple de Socrate s'étant avifé
de defcendre dans l'antre de Trophonius,

» & attirèrent avec eux Charilus, le joueur de
» flûte .... & ainfi, comme ils cheminaient
» devant les boutiques des Statuaires, le long
» du palais où fe tient la Juftice, ils trouvèrent,
» au devant d'eux, un grand troupeau de pour-
» ceaux fort ferrés, tout pleins de fange &
» de vilenie, & pouffans tous en foule, par
» le grand nombre qu'ils étaient, & qu'il n'y
» avait moyen de fe détourner, ils portèrent
» aucuns de ces jeunes hommes par terre, &
» enfangèrent tous les autres. Si retourna Cha-
» rilus, au logis, les jambes & les cuiffes, &
» les habillemens pleins de boue, de forte qu'il
» nous fit bien fouvenir, avec grandes rifées,
» de l'Efprit familier de Socrate, nous émer-
» veillant comme la Divinité n'abandonnait
» jamais ce perfonnage.

» Penfes-tu donc que cet Efprit familier de
» Socrate ait été quelque propre & parti-
» culière Puiffance, & non pas une parcelle
» de la commune néceffité, qui confirmait
» cet homme, par longue expérience, à donner
» le contrepoids & le penchement, pour le faire
» incliner deçà ou delà en chofes obfcures &

pour apprendre quelle était la nature
de ce génie familier qui faisait tant

» difficiles à conjecturer par discours de la rai-
» son ? Car tout ainsi, comme une livre par elle
» seule ne mène pas la balance, mais là où le
» poids est entre deux fers, si on l'ajoute à l'un
» ou à l'autre côté, elle tire à soi, & fait pen-
» cher le tout de ce côté-là ; aussi une voix, ou
» quelqu'autre signe petit ou léger, n'est pas
» suffisant pour attirer une grave pensée à faire
» quelque chose, mais ajouté à l'un des discours
» contraires, elle résout tout doute & toute diffi-
» culté, toute l'inégalité étant ôtée, de sorte
» qu'il se fait alors un mouvement & incli-
» nation . . . .

» Au reste, il nous semble que les motions &
» inclinations de ce grand & excellent person-
» nage avaient une fermeté & une véhémence
» durable, à quoique ce fût qu'il se mît, comme
» celles qui procédaient d'un droit, puissant, &
» fort jugement : & il demeura volontairement
» en pauvreté toute sa vie, là où il pouvait avoir
» beaucoup de biens, s'il en eût voulu recevoir
» de ses amis, qui eussent été bien aises de lui
» en donner ; il ne s'est jamais départi de la
» philosophie, pour tant de grands empêchemens

de bruit dans Athènes, le Prêtre, qui, dans cette comédie religieuse, était caché derrière la toile, eut le courage de répondre que cet être invisible n'était que la partie supérieure de l'ame, qui ne se laisse point maîtriser par les passions. Ce n'est point là tout-à-fait la langue des Calchas, & quand on ne rencontre pas la Philosophie, qui définit tout par principe, chez les élèves de Socrate, on ne devrait guères s'attendre à la trouver dans l'antre de Trophonius.

» qu'il en eut, & finalement lui étant facile de
» s'enfuir, jamais il ne se laissa amollir ni plier
» par les prières de ses amis, ni pour la mort
» présente ; ne désista point de se jouer en paro-
» les, comme de coutume, ains eut toujours la
» raison ferme & stable au plus fort du péril.
» Cela ne sont pas actes d'homme qui se laissât
» transporter à une voix, de quelque résolution
» qu'il eût prise, ains qui était mené & conduit
» par une puissante domination à son devoir «.
Œuvres morales de Plutarque, édition de Vascosan, tome 2, pag. 645, *verso.*

D E

SOCRATE A LA GUERRE

E T

DANS LES MAGISTRATURES.

LE grand homme, quand il joint les lumières à la vertu, n'eſt déplacé dans aucun des poſtes que la patrie lui confie. Nous allons voir Socrate parcourir ſucceſſivement, & avec la même diſtinction, la carrière du Guerrier & celle du Magiſtrat, juſqu'à ce que, rendu à ſa tranquillité philoſophique, il devienne le Cenſeur tacite d'Athènes, & l'Inſtituteur des hommes.

Socrate avait trente-ſept ans, quand le vœu de la patrie le fit homme de guerre. C'était au commencement des troubles du Péloponèſe; il ſe rendit ſous les dra-

peaux de Callias, au siége de Potidée,
&, pendant deux ans que ce siége dura,
il fit des prodiges de valeur, qui, dans le
siècle des Thélée, lui auraient valu des
statues. C'est, sur-tout, à une bataille
que l'ennemi osa livrer sous ses remparts,
que le Sage se couvrit de gloire; Alcibiade était à ses côtés, dans le plus fort
de la mêlée; il venait tout récemment
d'arracher ce jeune héros à l'amour, pour
en faire un proselyte de la raison, & il
aimait en lui son ouvrage; tout à-coup
les rangs des ennemis entr'ouverts se
rallient, & le combat recommence avec
acharnement; Alcibiade, qui s'était trop
livré à son ivresse de gloire, reçoit une blessure, & tombe de son cheval. Socrate,
quoiqu'enveloppé de toutes parts, couvert de sang & épuisé de fatigues, s'é-
lance au-devant de son Elève, pare tous
les coups qu'on lui porte, & empêche
l'ennemi de se rendre maître de son
armure. L'armée entière fut témoin de
cet exploit, & l'envie fut tentée, un

moment, de le lui pardonner, parce qu'il n'était que Philosophe.

Après la bataille, les Généraux, ainsi que nous l'avons déja vu dans l'histoire de la guerre du Péloponèse, s'assemblèrent pour décerner le prix de la valeur. Socrate & Alcibiade seuls avaient droit d'y prétendre. Mais le Philosophe, qui voulait former pour sa patrie un nouveau Thémistocle, eut la générosité de donner lui-même son suffrage à son rival. Alcibiade, couronné à la vue de toute l'armée, commença dès-lors à connaître de quel prix le citoyen achète sa renommée, & il n'oublia jamais, que si les regards d'Athènes s'étaient fixés sur lui, dans un âge si tendre, il le devait à la grandeur d'ame de Socrate.

L'amitié vertueuse est un commerce de bienfaits. Socrate, qui avait sauvé à Potidée les jours d'Alcibiade, lui dut la vie à son tour, à la journée de Délie. Cette bataille, comme l'on sait, fut gagnée par les Béotiens, qui, sortant d'une léthargie

de plusieurs siècles, firent pressentir, dès-
lors, la grande influence que Thèbes aurait un jour, dans la destinée du Péloponèse. Socrate, réduit à protéger, de sa
bravoure, l'armée Athénienne dans sa
déroute, le fit avec une distinction qui
valait une victoire; tandis que les soldats
éperdus se précipitaient les uns sur les
autres, lui, il ne marchait qu'au petit
pas, se retournant sans cesse du côté de
l'ennemi, pour le frapper, quand il le
serrait de trop près. *C'était*, disent les
Historiens de l'Antiquité, *un lion terrible,
qui, forcé par le nombre des assaillans, à
se battre en retraite, défiait encore les
chasseurs, leur imprimant plus de terreur
qu'il n'en recevait lui même.*

C'est dans cette fameuse retraite que
Socrate sauva la vie à Xénophon, qui,
tombé de cheval, allait se voir au pouvoir des ennemis. Le Philosophe dégagea
son Elève, &, s'il en faut croire Stra-
bon (*a*), le voyant meurtri par sa chûte,

____

(*a*) *Geogr.* lib. 9.

& hors d'état de marcher, il le porta sur ses épaules l'espace de plusieurs stades, jusqu'à ce qu'il fût tout-à-fait hors de danger. Socrate n'était point Athlète, mais alors l'enthousiasme de l'amitié doubla en lui les forces de la nature.

Socrate ayant exposé plusieurs fois sa vie dans les champs de bataille, ne crut pas encore avoir payé sa dette de citoyen. Au tems des discordes civiles qui suivirent la mort de Périclès, voyant le peuple sans frein se jouer de la législation, il se présenta pour entrer dans le Sénat; il avait alors plus de soixante ans ; c'est l'âge de la maturité de la raison, pour l'homme qui n'a jamais abusé de ses organes. Le Philosophe parcourut à son rang tous les grades de la Magistrature ; il devint Prytane, ensuite un des dix Présidens de sa compagnie, & enfin, Chef supérieur du Sénat, sous le nom d'*Epistate*. Cette dernière dignité, dont l'origine ne remontait qu'à Clisthène, un des Législateurs d'Athènes, après l'expulsion de la

famille de Pififtrate, donnait au citoyen
qui en était revêtu, les clefs du tréfor de
l'Etat, & celles de la forterefle; au refte,
pour ôter à l'Epiftate toute idée de tyrannie, non-feulement fon pouvoir fuprême
expirait au bout de vingt-quatre heures,
mais encore il n'avait droit d'y prétendre
qu'une feule fois dans fa vie (*a*). Ce frein,
donné à l'ambition des Epiftates, main-
tint l'ombre de la liberté Démocratique,
jufqu'aux conquêtes d'Alexandre.

Socrate, peu au fait des formes des
Compagnies que fa grande ame dédaignait fans doute, choqua d'abord les petites bienféances, quand il fe vit à la tête
de l'adminiftration; fes Collègues fou-
riaient, fur-tout, de dédain, quand ils
voyaient fa maladreffe à recueillir les
voix de fa Compagnie; mais le Philofophe, content de connaître à fond les
loix de fa patrie, de les expliquer avec

(*a*) *Pollux*, lib. 8; cap. 9; *Suidas* Lexicon;
Euftath. pag. 641.

ſa raiſon ſupérieure, de forcer l'homme
puiſſant qu'elles bleſſaient à leur obéir,
ne ſe trouvait point humilié qu'on lui
donnât un ridicule, qui ſeul pouvait en-
gager l'envie à lui pardonner la ſupériorité de ſes lumières.

La première occaſion où Socrate,
homme d'Etat, déploya toute l'énergie
de ſa vertu, fut le fameux procès que le
fanatiſme intenta aux dix Généraux qui
avaient vaincu Lacédémone, à la journée
des Arginuſes. Nous avons vu que le crime
très-involontaire de ces infortunés, con-
ſiſtait à n'avoir pas bravé une tempête
terrible, qui s'éleva, lorſqu'ils ſe diſpo-
ſaient à aller enlever les débris de leurs
navires fracaſſés, & à donner à leurs
morts les honneurs de la ſépulture. Le
peuple d'Athènes, que les Prêtres entou-
raient des terreurs de la ſuperſtition, fu-
rieux alors de ce qu'on n'avait pas expoſé
la vie des meilleurs guerriers, pour rendre
de vains honneurs à des cadavres, caſſa
les Généraux qui l'avaient fait vaincre aux

Arginufes, & les cita devant fes Tribunaux, comme coupables du crime de
lèze-patrie. Socrate parla avec vigueur,
pour empêcher fa République de fe
deshonorer aux yeux de l'Europe, en
imaginant des crimes nouveaux, afin de
les punir. Ce grand homme ne foupçon-
nait pas qu'il plaidait d'avance fa propre
caufe ; il ne fut point écouté.

L'impofture facerdotale, pour échauffer
la multitude, fuborna un fanatique, qui
prétendait s'être fauvé fur un tonneau de
vivres, à la journée des Arginufes ; le
fcélérat déclara, de la part des Athéniens
qui avaient fait naufrage, qu'ils avaient
péri par la faute des Généraux. La ma-
chine dramatique fit fon effet. Le peuple,
déja prévenu, alla en tumulte aux opinions, & des dix accufés, en condamna
unanimement huit à la mort. Les Magiftrats eux-mêmes, entraînés par cette
efpèce de voix publique, autorisèrent de
leur fuffrage, l'horrible fentence ; au milieu de cette effervefcence générale, caufée

par le fanatifme, il n'y eut qu'un feul
homme affez au‑deffus de fon fiècle,
pour réclamer, & cet homme fupérieur,
le Lecteur l'a déja nommé : c'eft le grand
Socrate.

Cependant la vigueur du feul vrai ci‑
toyen, qui fût alors dans Athènes, arrê‑
tait l'exécution des vainqueurs des Argi‑
nufes. Les Orateurs turbulens, qui avaient
mis en caufe ces infortunés, annoncèrent
qu'ils allaient accufer leur défenfeur, &
les Prêtres, toujours cachés derrière la
toile, femèrent adroitement que l'homme
qui fe croyait plus éclairé qu'Athènes
entière, en voulait fourdement à fa li‑
berté. Le péril devenait éminent ; les amis
de Socrate vinrent le conjurer, à genoux,
de céder à la violence ; ils lui repréfen‑
tèrent que fon intrépidité allait le perdre,
fans fauver les victimes des Prêtres ; mais
toute cette prudence pufillanime, avec
laquelle on aurait déterminé un homme
d'Etat ordinaire, n'était pas faite pour
ébranler l'ame forte du Philofophe. Il

déclara que la sentence blessant les loix, tant qu'il serait Magistrat, il ne la signerait jamais. » J'ai contre moi, dit-il, ces » hommes effrénés, maîtres de ma vie; » mais il est d'autres Juges plus terribles » pour Socrate : c'est Dieu, son cœur & » la postérité «.

Le peuple prit le parti, enfin, de dédaigner la réclamation de Socrate ; on alla tirer de leurs cachots, six des Généraux proscrits, c'étaient les seuls que le fanatisme eût en son pouvoir, & on les traîna au supplice.

Rappellons encore ici une observation philosophique de la plus grande importance, sur les époques rapprochées de trois crimes mémorables du même genre, dont Athènes se souilla au siècle de Périclès. Il n'y a que dix ans d'intervalle entre le jugement des Généraux des Arginuses, & la condamnation d'Alcibiade qui le précéda ; quatre ans après, Athènes effraya encore le monde, par la mort de Socrate. Heureusement qu'après ces trois grandes explosions, le volcan du fanatisme fut refermé.

Cependant Athènes ne tarda pas à porter la peine qui lui était due, pour le supplice des vainqueurs des Arginuses. Le terrible Lysandre battit ses Amiraux à Egos-Potamos, vint mettre le siége devant cette ville superbe, & la força à subir le joug de trente tyrans soudoyés par Lacédémone.

L'oppression d'Athènes, sous cette Aristocratie sanglante, fut à son comble. Xénophon, témoin oculaire, assure que les trente tyrans, en huit mois de paix, y firent tomber plus de têtes, que le fer ennemi n'en avait moissonnées, pendant les vingt-huit ans de la guerre du Péloponèse.

Socrate, dans ces tems orageux, ne se démentit point. Tandis que la crainte de la mort fermait toutes les bouches, énervait tous les cœurs, lui seul continua à faire entendre, au milieu du Sénat, l'éloquence mâle & généreuse du patriotisme;

lui feul éleva une barrière contre le defpotifme de Lacédémone; lui feul montra
à la Grèce, qu'il y avait encore une ville
des Ariftide & des Miltiade.

Un des traits qui déchira le plus l'ame
vertueufe de Socrate, c'eft de voir Critias,
un de fes anciens difciples, au rang des
trente tyrans d'Athènes. Il eft vrai que ce
Critias avait moins cultivé la perfonne du
Sage que fa renommée; tout entier, dans
une jeuneffe orageufe, à la fougue de fes
paffions, il n'avait tenté, que par amour-
propre, de concilier l'apparence de la
vertu avec fes défordres. Enfin, l'éclat que
caufa, dans la ville, fa paffion infâme
pour le jeune Euthydème, le fit bannir
d'une fociété, que la licence de fes mœurs
deshonorait. Il ne pardonna jamais à Socrate de l'avoir dévoilé, & depuis cette
époque, *il prit à tâche de le rendre odieux,
avec les calomnies ordinaires, dont en tout
tems on a noirci les Philofophes* (a).

____

(a) Ce font les propres termes de Xénophon.
De reb. Memor. lib. **1.**

Comme l'objet de Lacédémone, en changeant la constitution d'Athènes, était de l'avilir, afin de la détruire sans danger, Critias, en qualité d'homme perdu de mœurs, & d'ennemi des lumières, lui parut digne d'être un de ses Vice-Rois; ce scélérat remplit parfaitement l'attente des ennemis de sa patrie; il fit couler, à torrens, le sang le plus illustre, &, quand sa main fut lasse de frapper, il employa l'intervalle de cette trève simulée, qu'il accordait à ses victimes, à rendre la raison & la vertu ridicule.

Cependant, Socrate ne s'endormait point sur le péril d'Athènes; il tonnait, avec sa véhémence ordinaire, contre les Trente; Critias, sur-tout, était l'objet de sa haîne vertueuse; il disait publiquement, que *l'homme qui diminuait le nombre de ses concitoyens, & qui pervertissait le reste, était le fléau de sa patrie* (a), & il évo-

______

(a) *Xenoph.* de reb. *Memor.* lib. 1.

quait contre lui la vengeance des loix , &
à leur défaut , le poignard d'un Aristo-
giton.

Critias , qui , dans un commencement
de tyrannie , avait peur , non de commettre un crime , mais de se rendre
odieux , n'osa attenter à la vie de Socrate ;
mais il lui envoya ses satellites , pour lui
défendre l'instruction de la jeunesse. Le
Sage répondit qu'il ne reconnaissait point
les ordres d'un Vice-Roi de Lacédémone , & fidèle à l'emploi pénible qu'il
s'était imposé , il continua à perpétuer ,
autour de lui , la race des grands hommes.

Les Collègues de Critias , instruits de
la désobéissance de Socrate , tendirent un
piége à sa vertu ; ils proscrivirent , au
nom de la République (qu'ils faisaient
parler à leur gré) un citoyen de Salamine ,
& ils ordonnèrent au Philosophe de partir
à l'instant , pour s'emparer de la personne
de l'infortuné qu'ils voulaient traîner au
supplice. Leur objet était d'abord d'avilir
Socrate , en le chargeant d'un ministère

odieux, enfuite de réduire fon patrio-
tifme au filence, en le rendant une fois
complice de leur tyrannie. Le Sage n'o-
béit pas plus aux Trente, qu'il n'avait
obéi à Critias ; il fe renferma dans fa
maifon, peu inquiet qu'on eût le pouvoir
de le punir, pourvu qu'on n'eût pas celui
de le rendre coupable. D'autres citoyens,
auxquels, à fon refus, les Trente s'adref-
sèrent, montrèrent moins de délicateffe,
& allèrent arrêter le profcrit, dans les
remparts de Salamine.

Cependant l'orage contre Socrate fe
formait en filence ; il fut fur le point
d'éclater, à l'époque terrible du fupplice
de Théramène.

Théramène, qui tenait de fes ancêtres
un fang illuftre, & un courage magnanime,
s'était laiffé admettre au rang des tyrans,
afin d'employer fon crédit à dérober des
victimes à la tyrannie. Ses Collègues, in-
dignés de voir l'ame d'un Athénien dans
un fatellite de Lacédémone, lui firent
fon procès, comme à un perturbateur du

repos public, & de leur autorité privée, le condamnèrent à mort. Un pareil jugement était inoui dans les annales d'Athènes. Aussi Socrate s'éleva, avec sa véhémence ordinaire, contre le despotisme des Trente. Le Sénat, où il siégeait alors, retentit de ses plaintes généreuses; il s'adressa, dans une prosopopée pathétique, aux mânes des Aristide & des Harmodius, dont les statues décoraient l'enceinte du palais de la justice; mais l'éloquence ne peut rien sur des hommes timides, qui voyent le glaive de la tyrannie suspendu par un fil sur leurs têtes. Les Sénateurs qui tenaient encore à la patrie, admirèrent le Philosophe, & ne le secondèrent point. Déja, (comme nous avons vu dans l'histoire des Trente) Théramène voyait briller les poignards dans les mains des satellites de Critias, lorsque l'infortuné, à l'instigation de Socrate, sans doute, s'élance sur l'autel qui était au milieu du Sénat, & demande, à grands cris, que le peuple le défende contre les ennemis des Dieux & des hommes. Les tyrans, de leur côté, ordonnent aux Officiers de la justice de se saisir de leur victime; il semblait que le moment de la révolution était proche; l'indignation éclatait dans tous les regards. Mais la multitude, qui assistait à ce jugement mémorable, consternée à la vue des assassins, qui entourent le tribunal, garde le silence de l'effroi; Socrate seul, qui ne connaissait le prix de la vie, que pour la sacrifier au bien des hommes, descend de son siége, & va au secours de Théramène; mais que peuvent les mains défaillantes d'un vieillard qui penche vers sa tombe, contre des hommes de sang, aguerris aux assassinats ? Théramène, lui-même, le conjure, les larmes aux yeux, de l'abandonner à sa destinée, & de conserver, s'il le faut, un vengeur à sa cendre, & pendant ce débat magnanime, on arrache l'Archonte de l'autel qu'il tenait embrassé, on lui fait fendre les flots d'un peuple innombrable, qui pleurait au lieu de frapper ses tyrans, & on le traîne au lieu de son supplice.

Les Sages d'Athènes, tremblant sur les suites de l'intrépidité de Socrate, crurent que ce grand homme allait partager la coupe de ciguë, destinée à Théramène; il les tranquillisa lui-même, en leur disant que sa pauvreté était une barrière contre les attentats des Trente, & revenant à l'inaltérable gaité qui faisait la base de son caractère, *ma vie est en sûreté, ajouta-t-il, un simple Philosophe n'est point un sujet de tragédie.*

Socrate comptait peut-être un peu trop sur le peu d'intérêt qu'avaient les Trente à le faire périr : la tyrannie, quand il s'agit de sa sûreté, ne dédaigne aucune victime; & en effet, Critias se disposait à frapper le défenseur de Théramène, quand Thrasybule vint, à la tête des exilés, arracher Athènes aux Vice-Rois de Lacédémone.

SOCRATE,

CENSEUR D'ATHÈNES;

IL INSTRUIT LA JEUNESSE;

ET DEVIENT LE FLÉAU

DES SOPHISTES.

Socrate n'avait pas attendu qu'on l'appellât au gouvernement d'Athènes, pour travailler à la réforme de ses abus ; il disait que *le Ciel l'avait donné à ses concitoyens, pour en faire un peuple de Sages* (a) ; &, d'après cette idée, il s'était créé une espèce de Magistrature, qu'il exerçait, sans éclat, contre les coupables qui se prévalaient du silence des loix ou

______

(a) *Plat.* Apolog. Socrat.

de leur faibleſſe ; le vice & le ridicule reſſortaient également à ſon tribunal ; mais, ami du pacte ſocial, lors même que ſa raiſon ſupérieure en faiſait preſ-ſentir l'inſuffiſance, il n'employait aucune force étrangère pour faire reſpecter ſes arrêts ; ſon ironie philoſophique avec les Sophiſtes, l'éloquence touchante de ſes diſcours à la jeuneſſe, ſur-tout l'exemple de ſa vie vertueuſe, étaient les ſeules armes dont ce grand homme faiſait uſage ; une Cenſure auſſi pacifique, n'a pas beſoin de la ſanction du Souverain, pour être légitime.

Socrate s'apperçut bientôt que ſon ſiècle était trop dépravé, pour que ſa Cenſure pût y régénérer ſes concitoyens ; convaincu que la Magiſtrature tacite qu'il exerçait, ne faiſait qu'effleurer les mœurs dégradées des hommes mûrs avec qui il vivait, il tourna toutes ſes vues du côté de la génération qui devait remplacer ces Sybarites, & il ſe fit l'Inſtituteur de la jeuneſſe d'Athènes.

Cette idée admirable, de confacrer fa vie à faire germer la morale & la vertu dans des cœurs neufs, & que la contagion de l'exemple n'a point encore dépravés, rendra à jamais refpectable, aux yeux de la raifon, la mémoire de Socrate ; &, fous ce point de vue, ce Sage eft l'égal des Légiflateurs, il eft le père de fa République.

Il fortit de l'école de Socrate, une foule d'hommes célèbres, qui fe diftinguèrent dans les Arts, à la guerre & dans les Magiftratures.

Je voudrais ne point parler de Critias, un des trente tyrans que Lyfandre nomma, moins pour gouverner Athènes que pour la renverfer ; mais enfin, ce Critias avait le génie de l'homme d'Etat, s'il n'en avait pas l'ame ; tout ivre qu'il était de fang humain, maître de la vie de Socrate, il s'en laiffa braver, & jufqu'au moment où l'habitude du pouvoir abfolu lui apprit à ne reconnaître plus de frein, il parut, dans fa vie publique,

finon chérir la vertu, du moins en ref-
pecter le fimulacre. Cette hypocrifie, que
la philofophie pardonne au defpote,
parce qu'elle fert de barrière à fes fureurs,
était un hommage involontaire, que Critias rendait à la philofophie fublime de
Socrate.

Un des premiers, & en même-tems
un des plus célèbres profélytes que Socrate fit à la raifon, fut Alcibiade; nous
avons vu, dans la vie de ce héros, avec
quel fuccès le Sage l'arracha à des voluptés
criminelles, qui énervaient à-la-fois fes
organes & fon intelligence, pour le jetter
dans la carrière de la gloire. Cependant,
pour me fevrir des expreffions de Plutarque, déja cité une fois, Alcibiade, qui
n'avait pas appris de bonne heure à fe
combattre, échappait quelquefois à fon
Inftituteur. Il fentait fe r'ouvrir les cica-
trices à demi-fermées des bleffures que
la volupté avait faites à fon ame; alors
Socrate était obligé de courir après lui,
comme après un efclave qui s'enfuit,

traînant encore un bout de fa chaîne ; Alcibiade rougiffait, avouait fes torts, & redevenait Philofophe.

La manière dont Socrate fit la conquête de Xénophon, le héros & l'hiftorien de la Retraite des Dix-Mille, n'eft guères dans nos mœurs. Ce dernier parcourait, d'un air diftrait, la place publique d'Athènes, le Sage le rencontre & tendant au-devant de lui fon bâton, pour l'empêcher de pourfuivre fa route : „ Xénophon, lui dit-il, fais-tu où fe „ vend le bled qui fert à ta fubfiftance. „ — Sans doute. — Tu fais probablement „ auffi où l'on enfeigne à être vertueux ? „ — Non, je l'ignore „. — Eh bien, fuis-„ moi, je vais te l'apprendre. — Xénophon étonné fuivit l'inconnu. Il entra dans fa maifon, par un frivole motif de curiofité, & il en fortit Philofophe.

Ce qui a donné la plus grande célébrité à Socrate, c'eft que la plûpart des fectes Grecques prirent naiffance à fon école. Divifées entr'elles d'opinions, elles se réunissaient à faire de ce grand homme la tige de leur généalogie philosophique, & ce n'est pas une légère merveille que de voir Socrate, qui n'a rien écrit, Patriarche, sans le savoir, d'une foule de sectes, qui ont rempli la Grèce de leurs ouvrages, & propagé jusqu'à nous, soit leurs systêmes ingénieux, soit le néant de leurs controverses.

Antisthène, le père du Cynisme, qui résidait au Pirée, distant d'Athènes de plusieurs milles, se rendait tous les jours à la maison de Socrate : Phédon, un des fondateurs de la secte Eléatique, ne le quittait jamais ; au reste, c'était la reconnaissance qui l'avait amené aux pieds du Sage ; il lui devait d'être libre, quoique né esclave, & vertueux, quoique destiné, par un maître sans mœurs, au rôle infâme de Ganymède.

Il fallait que le plaisir que les disciples de Socrate trouvaient à l'entendre, tînt de cet espèce d'enchantement dont l'Antiquité fait honneur à la lyre des Orphée

& des Arion, puifque Cébès, citoyen de Thèbes, aimait mieux vivre à Athènes, où le Gouvernement le regardait de mauvais œil, que dans fa patrie, où il était honoré; puifqu'Ariftippe, éloigné de ce grand homme, devenait pâle & défait, comme l'amant aimé que l'intervalle des mers fépare de fa maitreffe.

Le trait qui caractérife le plus cette efpèce d'idolatrie, eft celui d'Euclide (a). Athènes, à cette époque, avait juré une haîne immortelle à Mégare, fa patrie, & il était défendu, fous peine de la vie, à fes concitoyens, de paraître dans l'Attique; Euclide, dans le délire de fon enthoufiafme philofophique, s'habillait en femme, &, la tête couverte d'un voile, fe rendait, à l'entrée de la nuit, à la maifon de Socrate : le péril qu'il courait, ne fervait qu'à rendre plus piquant, à fes yeux, le charme de l'entretien du Philofophe.

(a) *Aul.-Gell.* noct. Attic. lib. 6, cap. 10.

Il ne faut pas s'imaginer que Socrate avilît le mot fublime d'inftituteur des hommes, en mettant un prix à fes leçons. Il abandonnait aux Sophiftes ce vil commerce d'argent & de lumières. Auffi Efchine fut bien étonné, quand, le confondant avec les inftituteurs mercenaires dont Athènes était remplie, & l'abordant avec une forte de confufion, il le vit fourire de l'excufe qu'il tirait de fa pauvreté. *Socrate , lui dit-il , je fuis fans patrimoine : ma perfonne eft tout ce que je poffède : je te l'offre ; daigne en difpofer.* — *Songes-tu bien , Efchine ,* répondit le Philofophe, *à la grandeur du préfent que tu me fais.*

Ariftippe eft le premier des difciples de Socrate qui ofa vendre, à prix d'argent, la raifon & la vertu. Une année où fes leçons lui avaient rapporté une grande fomme, il en fit paffer une partie au Sage, qui la renvoya, avec une forte d'indignation. Le lendemain, ce dernier rencontre le Sophifte : *d'où te vient donc ,* lui dit-il, *cette subite opulence ? — De cet art de raisonner, d'où te vient ta pauvreté.*

Le plus fameux des disciples de Socrate, & celui qui, après ce grand homme, a rendu le nom de Philosophe plus respectable aux siècles de lumières, est Platon ; mais ce personnage est trop distingué, pour ne le représenter ici que dans une épisode. Nous avons considéré en lui l'homme d'Etat dans l'histoire de la Sicile : nous dessinerons le Philosophe, dans l'histoire du siècle d'Alexandre.

Socrate, en se faisant l'Instituteur de la jeunesse d'Athènes, en rendant son école le centre de ralliement pour les sectes des Philosophes, s'était proposé de rendre la génération naissante moins perverse que celle qui la précédait ; mais dans les Gouvernemens qui se dégradent, on ne rend jamais impunément les hommes meilleurs. Le Sage d'Athènes trouva, dans la carrière qu'il parcourait, des êtres dangereux, qui faisaient métier de tromper leur siècle ; il se crut obligé de les démasquer , & il ne triompha d'eux que pour devenir leur victime.

Les prétendus rivaux de Socrate , étaient les Sophistes. On les reconnaissait à la morgue insolente de leur ton & de leur doctrine ; ils allaient de ville en ville, escortés d'une foule de disciples, parlant la langue énigmatique des Oracles, & affichant la science universelle. La jeunesse , ardente & crédule, s'enrôlait sous leurs drapeaux, & achetait, à grand prix, le droit de propager les futilités de leur dialectique, leurs erreurs en morale, & l'orgueil de leur demi - savoir, plus dangereux que la franchise de l'ignorance.

Socrate, qui, dans son grand projet de perfectionner l'espèce humaine, avait à cœur de ne point voir détruire son ouvrage, s'y prit très-adroitement pour décréditer les Sophistes. Il allait dans leurs maisons, lorsque leurs cercles étaient les plus brillans , se mêlait obscurément dans la foule , & comme ces hommes préfomptueux , sûrs de ne jamais refter fans réponfe , permettaient à tout le monde de les interroger , le Sage rompant à propos le concert bruyant des applaudiffemens , prifait , avec une bonhommie dont tout le monde , excepté l'homme de génie , était la dupe , qu'on levât quelques doutes , qui naiffaient , difait-il , de fon ignorance ; alors l'entretien une fois engagé , il promenait les Orateurs dans un dédale de queftions dont lui feul tenait le fil , & tirait , de leurs réponfes , des réfultats fi abfurdes , qu'elles équivalaient à un aveu tacite de leur ignorance.

La Nature , au refte , femblait avoir organifé Socrate , pour cette ironie qu'il faifait fi bien valoir. Il était d'une taille peu avantageufe , décontenancé , fans grâces & fans phyfionomie ; fes manières répondaient à un pareil extérieur. Il marchait ordinairement nuds pieds , & revêtu d'une bure groffière ; il

difait n'avoir rien vu , & fes connaiffances géographiques ne femblaient pas
s'étendre au--delà du Péloponèfe.

Les premiers Sophiftes que Socrate
démafqua, furent couverts de confufion,
& perdirent à-la-fois leur renommée &
leur revenu. Les autres, inftruits par ce
grand exemple, firent une ligue offenfive
& défenfive contre l'impie qui faifait
taire leurs oracles, cabalèrent fourdement
avec des Prêtres hypocrites & des Poètes
non moins méprifables, & en rendant le
Sage odieux, fe vengèrent de ce qu'il
les avait rendus ridicules.

VIE PRIVÉE

DE

SOCRATE.

IL faut que notre vanité soit flatée de voir l'homme qui a joué un grand rôle sur la terre, descendre de la scène pour se mêler avec nous : car un charme secret nous entraîne à la lecture de la vie privée de l'être qui a le plus de droit à nos hommages ; il y a peu d'hommes de goût qui ne se surprenne quelquefois à laisser dans leur gloire les héros de Tite-Live & de Diodore, pour les voir en déshabillé dans Plutarque.

La vie privée de Socrate a sur-tout un intérêt particulier ; c'est qu'elle sert de cadre aux mœurs de son siècle, &

qu'elle explique le problême mémorable de la mort de ce grand homme.

Socrate était né pauvre : encore son patrimoine, tout modique qu'il était, fut de bonne heure perdu pour lui (*a*). Un de ses amis intimes le lui emprunta pour le faire valoir, & le dégrada tellement, par son inexpérience dans les affaires, qu'il n'en resta pas la plus légère trace ; le Philosophe vit ce malheur avec indifférence, & Athènes l'aurait ignoré tout-à-fait, si ceux qui n'y avaient point d'intérêt en eussent aussi peu parlé que lui-même.

Socrate logeait dans une espèce de chaumière, était vêtu de bure, vivait de légumes, & se croyait heureux ; c'est qu'il savait circonscrire ses desirs ; quand le hasard l'amenait à la vente de quelques citoyens renommés par leur opulence, à la vue des meubles précieux dont on

____

(*a*) *Liban.* in Apolog. Socrat.

faifait l'étalage, il ne difait que ce mot
fi fimple & fi admirable : *Que de chofes
dont je n'ai pas befoin !*

Il n'eut cependant tenu qu'à Socrate
d'être le plus riche particulier de fon
fiècle, fi, à l'exemple des Sophiftes,
il avait voulu vendre fa fageffe & fes
lumières. Un Roi de Macédoine, qui,
fur fa renommée, brûlait du defir de
l'entendre, lui fit offrir des préfens de
la plus grande magnificence, s'il voulait
venir dans fes Etats. » Non, non, ré-
» pondit le Philofophe, une pareille
» récompenfe ferait un fardeau pour
» moi ; je n'irai point dans une Cour
» où l'on peut me donner plus que je
» ne puis rendre (a) «.

____

(a) *Senec.* de Benific. lib. 5, cap. 6. — Le
Philofophe de Rome n'approuve cependant pas
le Philofophe d'Athènes, & comme les raifons
qu'il en donne ne font pas celles d'un Sophifte,
on les verra ici avec plaifir. Nous ne nous
amuferons pas à une nouvelle traduction,

Cependant le Sage ne mettait point,
dans la pauvreté dont il faisait gloire,

---

parce que le coloris de Sénèque nous semble
rendu avec succès par celui de La Grange.

   » Pourquoi ce refus de Socrate ? ce Sage,
» d'abord, était le maître de ne pas recevoir
» de présens ; de plus, il eût été le premier
» bienfaiteur : il venait à la prière d'Archelaüs,
» c'était un bienfait que le Roi de Macédoine
» ne pouvait rendre. Enfin, ce Prince lui eût
» donné de l'or & de l'argent, mais il aurait
» reçu en échange le mépris de l'or & de l'ar-
» gent. Quoi, Socrate n'aurait pu s'acquitter
» envers Archelaüs ! quel bienfait eût donc été
» comparable au spectacle d'un homme qui sa-
» vait vivre & mourir ! quel bienfait, s'il eût
» initié ce Prince aux mystères de la Nature,
» ce Prince, si peu versé dans la Physique, que
» pendant une éclipse, il fit fermer son palais,
» & raser son fils, comme on le pratiquait dans
» les tems de deuil & de calamité ?...

   » Quoi, Socrate ne se serait pas acquitté en-
» vers Archelaüs, s'il lui eût appris à régner ?
» Que signifiait donc la réponse du Philosophe ?
» Il aimait la raillerie ; accoutumé à jetter du
» ridicule sur tous les hommes, & sur les grands

cette morgue qui tient de la mifantropie. Quand il avait des befoins, il ne rougiffait pas d'en faire l'aveu : un jour d'hiver, il dit, en riant, à fes amis affemblés : *Si j'avais eu de l'argent, j'aurais acheté un manteau.* » C'était, dit à ce » fujet l'ingénieux Sénèque, ne demander » à perfonne, en avertiffant tout le monde. » On fe difputa l'honneur de l'achat du » manteau : en effet, c'était donner peu

» en particulier, il aima mieux refufer en plai-
» fantant, que d'une manière arrogante : il dit
» donc qu'il ne voulait pas recevoir de bienfaits,
» d'un homme à qui il ne pouvait en faire
» éprouver. Peut-être craignait-il d'être forcé
» de recevoir contre fon gré ; peut-être crai-
» gnait-il d'accepter des préfens peu dignes de
» Socrate. On dira qu'il était le maître de re-
» fufer, mais alors il eût irrité contre lui un
» Monarque arrogant, qui voulait qu'on attachât
» le plus grand prix à tous fes bienfaits. . . .
» Voulez - vous favoir ce que Socrate refufa
» réellement ? Il refufa d'aller chercher une
» fervitude volontaire, lui dont la liberté parut
» infupportable même à une République «.

» à Socrate; mais c'était beaucoup, d'être
» l'homme dont Socrate confentirait à
» recevoir (*a*) ».

En général (& c'eft ce qui caractérife
la vraie vertu), Socrate ne mettait aucun
fafte dans les chofes mêmes où il fe montrait fupérieur aux hommes. Son habit
n'était qu'une bure groffière, mais il était
propre, & convenait à fa taille. Quand
il paraiffait dans des affemblées de cérémonie, attentif à ne point bleffer une
forte de décence fociale, qu'il ne faut
jamais dédaigner qu'en fecret, il admettait, dans tout fon extérieur, la parure.
Tel il fe montra dans le fameux banquet
d'Agathon (*b*); à ne voir que fon habit,
on l'aurait pris, ce jour-là, pour le rival
d'Alcibiade.

Ce n'était pas là le fyftême des Phi-
folophes de fon tems; ceux qui avaient
le plus de droit à la célébrité, outraient

(*a*) *Senec.* de Benefic. lib. 7, cap. 24.
(*b*) *Plat.* in Conviv.

la vertu, ce qui la rendait odieuse, ou du moins ridicule. On connaît le trait d'Antifthène, un des apôtres du Cynifme. Cet homme, jaloux de faire parade de fon indigence, avait déchiré fon manteau, & montrait l'ouverture à tout le monde. *Je vois au travers*, lui dit Socrate, *non ta pauvreté, mais ton orgueil.*

Il était dans les principes de Socrate d'être frugal, non pour fe diftinguer de fes concitoyens, mais pour conferver une ame faine dans un corps robufte. Cette tempérance lui fut fingulièrement utile au commencement de la guerre du Péloponèfe. La pefte, alors, exerçait fes ravages dans Athènes, avec une telle violence, que la fuperftition fuppofait les Dieux d'intelligence avec les ennemis de la République. Le Sage vit moiffonner, autour de lui, les têtes qui lui étaient les plus chères, fans fubir la plus légère atteinte de la contagion. Les Anciens difent que ce grand homme fut le feul des Athéniens, dont le fléau terrible n'ofa

approcher;

approcher; ce qui, au reste, ne contribua
pas peu à donner du crédit à son génie
familier : car le peuple explique rarement
la Nature avec la Physique, quand il peut
l'expliquer avec des merveilles.

La frugalité de Socrate n'étant point une
vertu d'apparat, ne passait pas l'intérieur de
sa maison : lorsqu'on l'invitait à un repas,
il mangeait & buvait comme le reste des
convives ; on aurait dit qu'il laissait sa
philosophie sur le seuil de la porte. Au
reste, il avait une tête merveilleusement
organisée pour soutenir, quand il le fallait, cette sorte d'intempérance : jamais
les fumées du vin n'obscurcirent sa raison
du plus léger nuage, & l'Antiquité atteste
qu'il n'y avait aucune différence entre
Socrate à jeun, & Socrate au sortir d'une
orgie.

Socrate, en général, était l'homme le
plus uni dans le commerce de la vie : il
n'affichait point un savoir qui humilie ; il
se disait l'ami de ses élèves, & jamais
leur maître ; quand l'Oracle l'eut déclaré

le plus fage des hommes, importuné de fa célébrité, il redoubla de modeftie encore. » Le mot d'Apollon, difait - il, » n'eft, fans doute, qu'un apologue : » ma fageffe eft fi peu de chofe ! elle » confifte à favoir que je ne fais rien «.

La douceur du Sage était égale à fa modeftie. Les traits de la fatyre la plus violente effleuraient à peine la furface de fon ame tranquille : non qu'il ne fût né avec le germe des paffions les plus impétueufes, mais il avait appris toute fa vie à fe combattre, & voilà ce qui conftitue fa vraie fupériorité : l'homme d'un tempérament de feu, qui devient froid à force de raifon, eft l'homme vertueux par excellence.

On peut juger de cette inaltérable modération de Socrate, par deux anecdotes que le Précepteur de Néron nous a tranfmifes (*a*). Un de fes efclaves avait

______

(*a*) *Senec.* de irâ lib. 1, cap. 15, & lib. 3, cap. 11.

pris à tâche de l'irriter : le sang du Sage s'alluma en effet ; mais revenu à l'instant à lui-même : *je te frapperais ,* dit il , *si je n'étais en colère :* l'autre trait n'est pas moins admirable, quoiqu'il ne soit guères dans nos mœurs : un de ses ennemis, sans doute un Sophiste , dont il venait de triompher , se vengea de son humiliation , en lui donnant un soufflet. *Je ne savais pas ,* dit - il en souriant , *que le Philosophe , en tems de paix , eût besoin d'un casque.*

Sans sortir de sa propre maison, Socrate avait occasion à chaque instant de s'exercer à la patience ; il avait deux femmes, toutes deux d'une humeur brusque & inégale , qui , vivant l'une avec l'autre dans une discorde perpétuelle , n'en sortaient que pour le tourmenter lui-même. Ces femmes étaient la fameuse Xantippe & Myrto, petite fille du grand Aristide ; il eut de la première Lamproclès , & de l'autre Ménexène & Sophronisque : ces trois enfans , écrasés par la gloire de leur père , n'ont tranſmis qu'un nom ſtérile aux faſtes de l'Hiſtoire.

On s'étonne comment Socrate, l'apôtre des mœurs, ſe prêta à une bigamie qui n'était ni dans ſes principes, ni dans ceux de ſa République (*a*). L'Hiſtoire nous en donne le motif, je ne dis pas l'apologie. La fameuſe peſte du Péloponèſe avait enlevé tant de pères de famille dans Athènes, que le Gouvernement, pour ramener la population dans ſes remparts, permit, à chaque citoyen qui

(*a*) Quelques Ecrivains ont été juſqu'à révoquer en doute le mariage du Philoſophe avec la petite-fille d'Ariſtide ; mais leurs preuves négatives ne peuvent être miſes en balance avec les raiſons poſitives qui le font admettre ; ce ſecond mariage n'eſt point fondé ſur une tradition vague ; le nom de la mère & celui des enfans ont été conſervés : l'Hiſtoire, comme nous allons le voir bientôt, nous en a tranſmis juſqu'au motif politique ; enfin, pluſieurs Ecrivains de poids ſe réuniſſent à l'atteſter. Voyez *Diog. Laërt.* in Socrat. ; *Athen.* Deipnoſoph. lib. 13 , & *Plutarch.* in Ariſtid.

avait survécu à la contagion, de prendre deux femmes. Socrate profita du bénéfice de la loi, comme s'il voulait faire entendre qu'on pouvait mettre un voile sur la statue de la Pudeur, quand il s'agissait de réparer les ruines de la République.

Un entretien du Philosophe avec Alcibiade, que Diogène nous a conservé, achève de démontrer qu'il ne fut l'infracteur des mœurs publiques, que par patriotisme : ils pesaient ensemble les inconvéniens, soit du célibat, soit du mariage, & Socrate en revenait sans cesse à son axiome favori :

Sois libre, ou que l'Hymen te range sous sa loi.
Le Chagrin monte en croupe, & galope avec toi (a).

» Fort bien, disait Alcibiade, mais Socrate a fait un choix, &, condamné à vivre avec des femmes, il devrait réprimer leurs indécentes clameurs. —

____

(a) Vers de Boileau, qui est devenu proverbe.

» Mon oreille y eſt faite ; ces clameurs
» ſont pour moi les cris des oies d'Al-
» cibiade. — Mes oies m'importunent,
» mais elles me pondent des œufs, &
» je les ſouffre. — Eh bien, mes femmes
» me donnent des enfans, je paie le
» tribut à la patrie, & tout eſt par-
» donné «.

Xantippe fut des deux femmes de
Socrate, celle qui chercha le plus à em-
poiſonner ſa vie par ſon humeur ſauvage & ſon emportement ; le grand
homme lui échappait par l'unique raiſon
qu'elle le voyait tous les jours ; auſſi
fut - elle long - tems à le traiter avec
cette dureté outrageante qui caractériſe
l'empire d'une femme ſur un être qu'elle
mépriſe ; elle le maltraitait de paroles
juſques dans les places publiques d'A-
thènes. Un jour, après avoir vomi mille
imprécations contre le nœud qui le liait
à elle, ſa poitrine ſe trouvant fatiguée
de ce débordement d'injures, & le ſilence
du Philoſophe ne faiſant qu'accroître ſa

fureur, elle prit un vafe plein d'une eau infecte , & la lui répandit fur la tête : on connaît le trait de gaîté qui échappa alors à Socrate : *Je favais bien qu'après le tonnerre viendrait la pluie.*

Ce qui ajoute encore un nouveau luftre à l'étonnante modération de Socrate , c'eft qu'il connaiffait parfaitement le caractère de Xantippe, quand il fongea à recevoir fa foi. Il la choifit exprès brufque & difficile à vivre , afin de faire avec elle un cours de Philofophie pratique. » Les » femmes méchantes, difait-il, font entre » les mains du Sage, ce que font entre » celles d'un écuyer habile, les chevaux » ombrageux; ce dernier commence par » dompter l'animal le plus fauvage, afin » que les autres n'offrent qu'un jeu à fon » adreffe. Ce fyftême eft le mien; j'ap- » prens à vivre avec Xantippe, afin de » me faire fans peine au commerce des » hommes (a) «.

_____

(a) *Xenoph.* in Conviv. ; *Diog. Laërt.* in Socrat.

Il faudrait, pour achever le portrait de Socrate dans sa vie privée, examiner en détail, de quel poids peut être, aux yeux de la Raison, la trop fameuse accusation contre ses mœurs, dont il a plu à quelques ennemis de la Philosophie de flétrir sa mémoire ; mais le pinceau de l'Histoire est trop chaste pour s'appesantir sur de pareils tableaux ; il est heureux, pour ces vils calomniateurs, que les excès dont ils parlent, soient de nature qu'on ne puisse défendre un grand homme sans le faire rougir.

Toute l'Antiquité dépose en faveur de la pureté des mœurs de Socrate : Platon, Cicéron, Quintilien, n'ont qu'une voix à cet égard ; Xénophon dit en propres termes : *Ce Philosophe était le plus chaste des hommes* (a) *: quelquefois il déclarait qu'il était amoureux ; mais on sentait bien que ce n'était pas des grâces du corps, il*

____

(a) *De reb. Memor.* lib. 1.

*n'avait en vue que la beauté de l'intelli-
gence* (a).

Un mot de Diogène, détruit sur tout
la calomnie par sa base : *On assure que
Socrate dédaigna d'abord Alcibiade, à cause
de sa beauté* (b). Un texte de Plutarque,
que nous avons déja eu occasion de transcrire, achève de montrer la vérité, à
l'homme du moins qui n'a pas d'intérêt
à l'entourer de nuages. » Les mœurs
» d'Alcibiade se perdaient, & cette plan-
» te, qui attirait tous les regards, était
» sur le point de voir avorter son fruit,
» avant même qu'elle eût donné sa fleur.
» Socrate conçut le projet de rendre ce
» héros des femmes à la patrie & à la
» vertu. — Bientôt le jeune homme prit
» un goût singulier à l'instruction du
» Sage : cependant, celui-ci ne flattait
» point les inclinations perverses de son

(a) Ibid. lib. 4.
(b) *In Socrat.*

» élève : il ne le regardait point avec
» cette complaisance efféminée qui sem-
» ble solliciter les faveurs du crime ;
» mais il employait toutes les ressources
» de son génie à guérir son imagination
» dépravée , à rabattre sa vanité pusilla-
» nime , & à remplir le vuide de son
» intelligence (*a*) «.

Si malgré toutes ces autorités, il restait encore quelque doute à l'homme de bien, qu'il pèse le raisonnement victorieux qu'on peut tirer du silence des Anitus & des Aristophane.

Nous allons voir les Fanatiques , les Sophistes & les vils Poètes dont la Muse était à leurs gages, intenter à Socrate le procès odieux qui lui coûta la vie : les Juges, que la célébrité du Sage humiliait, firent valoir contre lui les plus légers soupçons, pour pallier l'iniquité de leur sentence : cependant, au milieu de cette

---

(*a*) *Plutarch.* in Alcibiad.

foule de témoins, séduits par l'hypocrisie & vendus à la scélératesse, il ne s'en trouvera pas un seul qui déposera contre les mœurs de Socrate. Les pères, les frères de ces jeunes Athéniens, dont nous avons eu la lâcheté, après tant de siècles, de le faire corrupteur, loin de se rendre parties contre lui, ne paraîtront, au pied des tribunaux, que pour attendrir les Juges par leurs larmes, pour racheter, au prix de tous leurs biens, la vie du Sage, pour le faire absoudre enfin, si sa raison supérieure ne lui dictait pas de mourir, afin d'être, dans la Grèce, la dernière victime du fanatisme.

Aristophane préparera, dans sa Comédie des Nuées, la coupe de ciguë qui fit périr Socrate, & malgré tout le fiel de la satyre la plus effrénée, il ne lui échappera pas un seul trait qui tende à flétrir l'amitié du Sage pour Alcibiade ; & qu'on ne dise pas que ce gene de dépravation de mœurs était si commun à la Grèce, qu'on ne songeait pas même à en faire un crime :

on voit, par une autre Comédie du même Poète (*a*), que c'était un motif légitime d'exclusion, pour toutes les places du Gouvernement. Athènes, attentive, depuis Solon, à mettre de l'équilibre entre les délits & les peines, punissait des mœurs infâmes en soumettant le criminel à l'infamie; & quelle jouissance pour un homme tel qu'Aristophane, s'il avait pu rendre infâme, le Philosophe qu'il brûlait à-la-fois de rendre odieux & ridicule !

On peut, d'après ces faits, apprécier les vers odieux que s'est permis un des plus beaux génies, & en même-tems un des plus injustes du siècle de Louis XIV.

Ce Socrate, l'honneur de la profane Grèce,
Qu'était-il, en effet, de près examiné,
Qu'un mortel par lui-même, au seul mal entraîné;
Et malgré la vertu dont il faisait parade,
Très-équivoque ami du jeune Alcibiade (*b*)?

(*a*) *Aristoph.* equit. verf. 876 ; & comme Aristophane ne fait peut-être autorité en rien, voyez la *harangue d'Eschine contre Timarque*, où le même fait est allégué.

(*b*) *Boileau*, fatyre sur l'équivoque.

Il faut mettre ce jugement de Boileau , avec ceux qui lui font échappés contre Quinaut & le Taffe : obfervons que depuis un demi-fiècle , mille perfonnes fe font élevées pour défendre les deux Poètes , dans une caufe où il ne s'agiffait que de rimes , & que dans celle de Socrate , où il s'agit de vertu , je fuis prefque le feul qui defcende dans l'arène , pour réhabiliter fon nom flétri par la fatyre.

DES

NUÉES D'ARISTOPHANE.

LA vertu & la raison de Socrate commençaient à être un fardeau pour les scélérats & les imbécilles ; on prévint sans peine contre lui un peuple léger & présomptueux, qui se lassait de l'entendre sans cesse appeller le Sage par excellence, & ce grand homme fut puni , quoique dans un siècle de lumières , d'avoir été au-dessus de ses contemporains.

L'orage s'éleva à-la-fois de trois côtés. Anitus conduisait une cabale de Magistrats & de Prêtres ; Lycon était l'ame de celle des Sophistes , & Mélitus se faisait l'organe de l'animosité des Poètes : toutes ces différentes classes de citoyens avaient à se plaindre de Socrate , parce que ce grand homme , constitué , par son génie , Censeur de sa patrie, la prémunissait , avec

une intrépidité vertueuse, contre le fanatisme & contre le desporisme, & vengeait
la morale des attentats secrets de quelques
Cyniques. Anitus était le membre le
plus dangereux de cette formidable confédération. Cet homme, à-la-fois vil &
atroce, n'avait pu pardonner à Socrate
d'avoir dévoilé, plus de vingt ans auparavant, son ambition & son hypocrisie,
& dès cette époque, il avait tramé, de
concert avec les Poètes comiques de son
tems, le complot qui conduisit enfin le
Philosophe au supplice.

La Comédie, dans Athènes, n'était
point ce qu'elle est devenue chez des
peuples plus heureux, l'école du goût
& des mœurs. La licence la plus effrénée en faisait la base ; on y déchi-
rait impunément tout ce qu'il y avait
de grand dans l'Etat, & quoique, grace
au mépris général qu'inspirait la satyre,
un Poète insolent ne tint pas, dans sa
main, toutes les renommées, la multitude n'était pas fâchée de voir les hommes

qui la gouvernaient immolés quelquefois à la risée publique : ce spectacle, fait pour l'amour - propre de ce Peuple - Roi, le consolait de voir l'Ostracisme tombé en désuétude.

Les premiers Dramatiques qui se firent les organes impurs d'Anitus contre Socrate, furent Eupolis & Ameipsias : ce dernier s'était contenté de jouer les singularités du Philosophe, telles que celle de marcher nuds pieds, de n'avoir qu'un habit pour toutes les saisons, & de vivre de légumes ; l'autre cherchant encore plus à rendre Socrate odieux que ridicule, eut la coupable insolence de lui faire commettre un vol sur le théâtre (*a*) : l'absurdité de la calomnie ferma les yeux sur son atrocité ; de plus, l'opinion publique vint suppléer au silence des loix ; Socrate continua à être l'oracle d'Athènes, & Eupolis seul fut dévoué à l'infamie.

(a) *Scholiast. Aristoph.*

Les premières satyres contre Socrate, n'avaient été consignées que dans quelques scènes épisodiques des drames d'Eupolis & d'Ameipsias. Aristophane, plus fait, par la bassesse de son ame, pour être l'instrument de la scélératesse d'Anitus, composa une pièce entière contre le Philosophe : c'est cette farce des *Nuées*, qu'on honora du nom de Comédie dans un siècle où il n'y avait point de Comédie, & qui dut sa célébrité éphémère au grand nom de Socrate.

Comme il s'est écoulé vingt-trois ans entre la dernière représentation des Nuées & le supplice de Socrate, des hommes, qui jugent de la chaîne des évènemens politiques par la chronologie, ont voulu absoudre de ce crime la mémoire d'Aristophane ; mais cette opinion contredit les meilleurs monumens de l'antiquité : il est démontré que la cabale des Anitus & des Mélitus, dans le fameux procès qu'elle intenta au Sage, ne fit que réchauffer le libelle dramatique d'Aristophane ; Platon le dit en propres termes dans un texte de l'*Apologie*. » Réduifons » à des termes précis l'accufation de » Mélitus : Socrate , à l'en croire , eft un » impie : jouet d'une curiofité coupable , » il veut pénétrer ce qui fe paffe dans les » Cieux , & fonder ce qui eft caché dans » les abîmes du globe ; il connaît des » fecrets pour faire triompher l'injuftice, » & ces fecrets, il a l'audace de les divul- » guer. Eh bien , cette accufation, telle » que je viens d'en donner le précis , » tous les chefs en font confignés dans » les Nuées d'Ariftophane (*a*) ".

L'hiftoire de la Farce des Nuées, du prix qu'on mit à la baffeffe de fon auteur, des refforts que le fanatifme fit jouer pour que la pièce fe dénouât par le fupplice de Socrate, cette hiftoire, dis-je, nous a été tranfmife, avec tous fes détails, par Elien; & dans une matière auffi délicate , il eft

---

(*a*) *Plat.* Apol. Socrat. *in init.*

encore plus prudent de tranfcrire cet Ecrivain, que de rédiger ce chapitre d'après fes mémoires.

» Anitus (*a*) & fes amis épiaient les » occafions de nuire à Socrate ; mais ils » n'étaient pas sûrs des difpofitions d'A- » thènes ; ils ne favaient comment le » peuple recevrait une accufation intentée » contre un perfonnage tel que Socrate : » ils prirent donc la réfolution de fonder » les efprits par un effai ; car il ne leur » femblait pas prudent de citer brufque- » ment le Sage en juftice : il était, d'ail- » leurs, à craindre que fes amis, irrités, » n'animaffent les Juges contre les accu- » fateurs, & ne les fiffent punir févère- » ment, pour avoir ofé calomnier un » citoyen qui, loin d'avoir caufé aucun

-----

(*a*) *Elian.* Hiftor. Diverf. lib. 2 , cap. 13. — Je me fervirai de la traduction eftimable de M. Dacier, mais en la refferrant un peu, fuivant le privilége de l'Hiftoire.

» dommage à la République, en était
» l'ornement & la gloire.

» D'après ces réflexions, Anitus & ſes
» complices engagèrent Ariſtophane,
» Poète comique, bouffon de profeſ-
» ſion, naturellement plaiſant, & s'é-
» tudiant à l'être, à repréſenter So-
» crate, dans une Comédie, avec tous
» les défauts qu'on lui reprochait : tels
» que d'avoir une ſorte d'éloquence qui
» faiſait paraître juſte ce qui était illé-
» gitime, de blaſphémer le culte de ſa
» patrie, & de vouloir introduire, dans
» Athènes, des divinités étrangères.
» Ariſtophane ſaiſit avidement ce ſujet,
» y jetta le ridicule avec profuſion, &
» traduiſit ainſi ſur le théâtre le plus
» grand homme de ſon ſiècle.

» Les Athéniens, qui ne s'attendaient
» pas à un tel ſpectacle, furent ſinguliè-
» rement étonnés ; mais comme ils ſont
» envieux par caractère, & détracteurs-
» nés, tant de ceux qui ont part au
» Gouvernement, que de ceux qui ſe

» distinguent par leurs lumières, ou qui
» se rendent respectables par leur vertu,
» ils prirent beaucoup de plaisir à la
» Comédie des Nuées, & la couron-
» nèrent.

» Socrate allait rarement au spectacle;
» on ne l'y voyait que quand Euripide
» entrait en lice avec quelques Poètes
» tragiques : car il estimait singulière-
» ment ce Poète, pour l'excellence de
» son talent, & pour l'honnêteté qui
» respirait dans ses ouvrages; quelque-
» fois, cependant, Alcibiade, par ses
» plaisanteries, contraignait le Philo-
» sophe à voir jouer des Comédies;
» mais loin d'y prendre aucun plaisir,
» cet homme juste, vertueux, & sur-
» tout excellent connaisseur, méprisait
» des Poètes qui ne savaient que mordre
» & insulter, sans qu'il échappât à leur
» plume rien d'utile. Voilà ce qui in-
» disposait contre lui cette classe des
» Dramatiques, & ce qui contribua
» peut-être autant à le faire jouer, que

» le complot d'Anitus & des Fanati-
» ques.

» Malgré ces réflexions , il est vrai-
» semblable qu'Anitus & Mélitus payè-
» rent très - cher Aristophane , pour de-
» venir l'organe de leur ressentiment. Il
» n'est point étonnant que des hommes,
» qui desiraient, avec ardeur, de perdre
» Socrate , & à qui toute voie paraissait
» légitime , eussent donné de l'argent à
» Aristophane, & que le Poète, pauvre
» & méchant, l'eût reçu, pour prix de
» sa bassesse & de son infamie «.

Ce récit suffit , sans doute, pour apprécier le caractère des Anitus & des
Aristophane, pour voir la mauvaise opinion que les gens de goût du siècle de
Périclès avaient des Farces satyriques ,
qu'on honorait alors du nom de Comédies ; mais l'homme de bien , avide de
tout ce qui regarde un personnage aussi
important que Socrate, desire des détails
plus particuliers sur la pièce des Nuées,
& c'est pour satisfaire une curiosité si

légitime, que nous en allons donner
l'analyse.

Strépsiade, riche, mal-aisé, curieux,
comme on l'est dans les villes sans mœurs,
de payer ses dettes avec des sophismes,
se propose d'aller prendre des leçons de
friponnerie chez des gens *qui prouvent que
le Ciel est un four, & que les hommes sont
des charbons.* C'est avec ce style décent
que le Poète désigne les Philosophes.

Strépsiade heurte à la porte de Socrate,
il en sort un esclave du Sage, espèce
d'apprentif Philosophe, qui se plaint de
ce que le bruit du marteau lui a fait
perdre le fil d'une idée précieuse pour
l'humanité ; l'Athénien veut entrer ; on
lui dit que le grand homme est occupé,
en ce moment, à résoudre un problème
de la plus grande importance ; il s'agissait
de calculer l'intervalle du saut d'une puce ;
Socrate, dit le valet bouffon, s'y est pris
très-adroitement ; il a plongé, dans de la
cire, récemment fondue, les pattes de
l'insecte, qui s'est trouvé avoir des bro-

dequins, & la cire refroidie, le Philosophe a mesuré l'intervalle.

Jusqu'ici, Socrate ne paraît que ridicule, & l'objet du satyrique n'est pas rempli : il s'agissait de lui faire boire la ciguë, & on lui prête, à cet effet, des crimes dignes de l'échaffaut.

» Hier, dit le Valet des Nuées, mon
» maître n'avait rien pour son dîner ;
» mais son intelligence sublime ne l'a-
» bandonna pas ; il répandit de la pous-
» sière sur une table, où étaient déve-
» loppés des desseins, & tandis qu'il
» amusait son auditoire, en promenant
» son compas sur les contours, de l'autre
» main il décrocha subtilement un man-
» teau avec un fer recourbé. Alors nous
» cûmes à dîner «.

Aristophane savait mieux que personne combien le larcin entrait peu dans l'ame magnanime de Socrate ; il avait vu le Philosophe, glorieux d'une pauvreté vertueuse, refuser les présens des Rois, que lui-même, vil Poète, avait sollicités ;

mais il ne faut pas juger, par les principes ordinaires, de la logique de la méchanceté. Ariſtophane était convaincu, que pourvu qu'il fît rire, il pouvait être impunément abſurde & atroce.

Cependant, le ſallon s'ouvre, & Strépſiade voit Socrate guindé en l'air dans une corbeille. La raiſon que le Poëte en fait donner au grand homme qu'il traveſtit, n'eſt ni décente, ni heureuſe. » C'eſt que quand on médite ſur ſon » parquet, la terre attire toutes les pen- » ſées les plus ſubtiles de l'intelligence, » comme le creſſon ſauvage pompe l'hu- » midité deſtinée aux plantes qui l'envi- » ronnent «. — Ce n'eſt pas tout-à-fait ainſi que l'Auteur des Femmes Savantes rend ridicule l'hôtel de Rambouillet : mais auſſi, quel prodigieux intervalle entre le génie de Molière & la verve d'Ariſtophane!

Strépſiade tire le Sage de ſa rêverie, & le conjure, au nom des Dieux, de lui apprendre à payer ſes dettes, ſans qu'il lui en coûte rien. *De quels Dieux parlez-vous*, dit Socrate ; *car on ne connaît point ici les Dieux d'Athènes ?* Voilà le germe de l'horrible accusation d'athéisme qui, dans la suite, coûta la vie au Philosophe.

Au défaut des Dieux de la patrie, Socrate propose à son élève de lui faire invoquer les Nuées, divinités favorites de son école : celui-ci consent à tout, pourvu qu'il satisfasse ses créanciers, sans endommager sa fortune : alors, après une évocation magique, des femmes, vêtues de robes transparantes, se montrent, au haut du théâtre, sur des machines figurées en nuages, & exécutent un chœur, moitié héroïque & moitié burlesque, que la populace d'Athènes devait trouver d'autant plus beau, qu'elle était moins à portée de l'entendre.

„ Les voilà, dit le Philosophe, ces „ Dieux des Sophistes, des Médecins, „ des Poètes & le mien ". — A l'instant Strepsiade se prosterne & les adore.

Il y a, dans cette scène de Socrate &

de Strepſiade, un mêlange d'épigrammes
fines & de plaiſanteries triviales, comme
on devait l'attendre d'un Poète qui croyait
ſuppléer, par l'eſprit, à l'abſence du goût
& du génie. Parmi ces dernières, il y a
une explication du tonnerre, que Scarron
ne ſe ferait pas permiſe dans ſon Virgile
traveſti, & qui dut amuſer beaucoup la
populace des halles d'Athènes.

Les Nuées accordent à Strepſiade de
voir anéantir ſes dettes, ſans avoir beſoin de les payer, pourvu qu'il ſe faſſe
Philoſophe. Alors, Socrate conduit l'a-
depte dans une eſpèce d'antre de Trophonius, &, abuſant de la ruſticité du
perſonnage, il le fait paſſer par diverſes
épreuves auſſi abſurdes, mais bien moins
plaiſantes que celles de notre Bourgeois-
Gentilhomme.

Pendant cette Farce, les Nuées, oubliant le ſujet de la pièce qu'elles jouent,
ſe mettent à diſcourir longuement ſur le
tort qu'Athènes fait à ſon goût, en ne
couronnant pas les pièces d'Ariſtophane.

Certe efpèce de prologue, enchâffé au milieu d'une pièce, prouve qu'il n'y a pas plus de vraifemblance théâtrale dans la Farce de l'ennemi de Socrate , que dans nos anciens Myftères , ou dans les Actes facramentaux des Véga & des Calderon.

Le Poète s'oublie enfin , pour revenir à Socrate. Le Sage , après avoir terminé les épreuves du noviciat de fon élève, le fait étendre fur un lit, & lui enjoint de méditer fur les moyens de fe jouer de la bonhommie de fes créanciers. Strepfiade fe tourmente long - tems en vain : » enfin, dit-il , mon imagination » me fournit un fecret admirable ; j'ache-» terai une forciere ; grace à fa baguette, » je prendrai la lune , & je l'enfermerai » dans un étui, comme un miroir. — Eh » bien , qu'en réfulterait il ? — Ce qu'il » en réfulterait : s'il n'y avait plus de » lune, il n'y aurait plus de calendrier, » & par conféquent plus d'intérêts à payer » au bout du mois «.

Si Molière avait mis de pareilles plaisanteries dans la bouche de son Misan-
trope, croit-on que ce beau génie eût
trouvé des admirateurs dans les Condé,
dans les Montausier, dans les Fénélon,
& dans cette foule d'hommes de goût
qui embellissaient la Cour de Louis
XIV ?

Le Socrate d'Aristophane, qui n'est
point celui de Platon & de toute l'Antiquité, continue à se jouer, de la manière la plus insipide, de la balourdise
de Strepsiade ; il lui conseille de donner
de nouveau l'essor à son esprit, *comme
les enfans le donnent aux hannetons qu'ils
tiennent suspendus à un fil,* & l'élève do-
cile, s'applaudit bientôt d'un nouvel ex-
pédient que la méditation lui a fait naître ;
c'est de se placer, avec une espèce de miroir
ardent, derrière l'Huissier chargé de le
poursuivre, & de brûler toutes ses écri-
tures Socrate voit, à toutes ces réponses,
qu'il est impossible de dérouiller l'enten-
dement de Strepsiade, & il l'engage à lui

amener Phidippide, fon fils, afin qu'il en faſſe un Philoſophe.

Ici paraît la ſtérilité du génie d'Ariſtophane ; car il eſt évident que Socrate ne jouera, auprès de Phidippide, que le rôle qu'il a joué auprès de Strepſiade ; ainſi, le même tableau ſera répété deux fois dans la même galerie

Strepſiade, qui ſe dit poſſédé de l'eſprit Socratique , veut forcer ſon fils à monter ſur le même trépied ; celui ‑ ci refuſe ; dès le commencement du dialogue, il jure par Jupiter. ,, Tu ne ſais ,, donc pas, dit l'apprentif Philoſophe , ,, que, depuis Socrate, il n'y a plus de ,, Jupiter ,, ?

Le père détermine à la fin ſon fils, & le préſente à Socrate , qui tente , à ſon ordinaire, de ſe faire la ſage-femme de ſes penſées : le Sage, voyant ſon éloquence ſur le point d'échouer, appelle à ſon ſecours deux perſonnages biſarres, qu'on ne s'attend guères à rencontrer ſur la ſcène avec des hommes : c'eſt le *Juste* & l'*Injuste*, deux êtres allégoriques qui tombent des nues, pour faire chacun une espèce de plaidoyer très-faible de raisons, & très-fort d'injures. Le Chœur de Nuées est obligé, de tems en tems, de leur imposer silence, pour les empêcher d'ensanglanter le théâtre; & quand ils sont partis, oubliant de nouveau qu'il est en scène, il s'adresse aux Juges des Jeux, & les menace de se convertir en grêle, s'ils ne couronnent pas la pièce d'Aristophane.

Cependant, Socrate se montre, reçoit en présent, de Strepsiade, un sac de farine, & lui apprend que, grace à ses bons offices, Phidippide en sait déja assez pour nier une dette, eût-elle été contractée devant mille témoins; en effet, un créancier s'étant présenté, les deux fripons éludent sa demande par diverses subtilités froides, & qui n'ont pas même le sel passager de l'allusion, & Strepsiade, en le mettant dehors, lui dit que quand il a eu la stupidité de promettre de payer fa dette, fon fils n'était pas encore devenu Philofophe.

Un nouveau créancier paraît, & on le chaffe avec fon témoin, fous le prétexte ridicule qu'il a été trop ignorant pour définir, en Phyficien, l'eau de la pluie.

Les progrès de Phidippide, dans l'infraction raifonnée des loix fociales, amènent peu-à-peu le dénouement des Nuées. Strépfiade accourt fur le théâtre en criant au meurtre, & invoquant la vengeance célefte contre fon fils, qui l'a maltraité & mis en fang. Celui-ci répond froidement, qu'il n'a fait que mettre en pratique la théorie de l'*Injufte*, & s'adreffant au Chœur, il accumule fophifme fur fophifme, pour prouver qu'il a eu raifon de frapper fon père. Strépfiade, au défefpoir, fe repent enfin d'avoir abandonné les Dieux de fon pays, pour fuivre des novateurs téméraires; il s'adreffe à Mercure, & feignant d'en être infpiré, il commande à fes efclaves d'apporter des échelles, des haches & des torches;

l'ordre exécuté, il monte, à leur tête, sur le toît de la maison de Socrate, brise les poutres & met le feu aux quatre angles de l'édifice : les Philosophes sortent au travers des tourbillons de flammes, les Nuées se retirent, & le spectacle finit avec l'incendie.

Telle est cette farce des Nuées qui amena le plus grand crime de fanatisme dont se soient jamais souillé les fastes d'Athènes. Quoique la Comédie Grecque (à en juger par les pièces qui nous restent) ne soit jamais sortie de son enfance, cependant les gens de goût, contemporains de Socrate, révoltés des invraisemblances théâtrales des Nuées, les proscrivirent comme ouvrage Dramatique, avant que les gens de bien de tous les siècles en fissent justice, comme du plus infâme des libelles. La pièce tomba à la première représentation, & les Juges des Jeux couronnèrent deux rivaux d'Aristophane, Cratinus & Améipsias.

Cependant il y avait, dans Athènes,

une cabale violente, foudoyée par Anitus, pour faire réuffir les Nuées ; il eft probable que la modération fublime de Socrate, contribua, autant que les défauts dont fourmillait la pièce, à faire échouer l'intrigue des complices d'Ariftophane. Ce grand homme, inftruit qu'on devait le jouer, lui & la Philofophie, fe rendit au fpectacle contre fon ufage, & fe plaça dans l'endroit le plus apparent. Lorfque l'Acteur qui faifait le perfonnage du Sage, parut avec le mafque qui repréfentait fes traits, les Etrangers, peu au fait de l'hiftoire littéraire d'Athènes, demandèrent en tumulte quel était le citoyen qu'on immolait ainfi à la rifée publique ; la rumeur augmenta, quand on le vit voler un manteau & blafphémer les Dieux de la Grèce ; alors Socrate, qui s'apperçut de l'inquiétude de ces Etrangers, fe leva pour la faire ceffer, & refta debout tout le tems du fpectacle, expofé aux regards de la multitude (*a*). Ce grand homme ne dé-

____

(*a*) *Elian.* Hiftor. Diverf. lib. 2 , cap. 13.

mentit pas un feul moment fa philofophie pratique. Il dit à un de fes voifins,
qui s'étonnait de fon fang-froid, au milieu des horreurs qu'on lui prêtait : » Je
» me fuppofe dans un grand feftin, où
» j'éprouve les faillies de gaité des con-
» vives (*a*) «.

Nous avons parlé des Nuées comme
d'un ouvrage que fa méchanceté même
ne put faire accueillir, par un peuple ami

(*a*) *Plutarch.* Opér. Moral. ; le texte mérite
d'être cité dans la traduction franche & naïve
d'Amyot. » Quand Ariftophane fit jouer la
» Comédie, qui s'appelle les Nuées, en la-
» quelle il répand, fur Socrate, toutes les
» fortes & manières d'injures qu'il eft poffible ;
» comme quelqu'un des affiftans, à l'heure qu'on
» le farçait & gaudiffait ainfi, lui demanda :
» ne te courrouces-tu point, Socrate, de te
» voir publiquement blafonner ? Non, certai-
» nement, répondit-il, car il m'eft avis que
» je fuis, en ce théâtre, ni plus ni moins qu'en
» un grand feftin, où l'on fe gaudit joyeufement
» de moi «. —— *Traité comment il faut nourrir
les enfans*, pag. 6, fol. rect.

de la fatyre. Cependant un Hiftorien, qui vivait fous l'empire d'Héliogabale, c'eft-à-dire, plus de fix fiècles & demi après la première repréfentation des Nuées, prétend que cette Pièce eut le plus grand fuccès fur le théâtre des Sophocle & des Euripide (*a*), & les ennemis de la raifon, intéreffés à accréditer ce triomphe prétendu d'Ariftophane, ont répété à l'envi ce menfonge hiftorique ; mais il me paraît démontré qu'admettre une pareille opinion, c'eft calomnier le bon goût d'Athènes ; toute l'Antiquité attefte que les Nuées éprouvèrent la chûte ignominieufe qu'elles méritaient, & Ariftophane lui-même en convient, à la fin du premier Acte de cette farce fatyrique. L'aveu de ce Poète, qui avait d'ailleurs toute la préfomption des demi-talens, eft une autorité un peu plus forte que celle de l'Hiftorien du fiècle d'Héliogabale.

____

(*a*) *Elian*, Hiftor. Diverf. loc. citat.

„ Athéniens (*a*), dit, à la seconde re-
„ préfentation, le Chœur des Nuées, au
„ nom d'Ariftophane, j'attefte Bachus,
„ mon père & mon maître, que je vous
„ dirai la vérité. Puiffai-je être vainqueur
„ aujourd'hui, & paffer dans votre efprit
„ pour auffi bon Ecrivain que je vous crois
„ bons connaiffeurs ! Je vous donnai (l'an
„ paffé) cette Comédie, comme la meil-
„ leure que j'euffe faite (*b*), en vous priant
„ de l'entendre avec autant de foin que
„ j'en avais mis à la compofer. Cependant
„ j'eus le malheur d'être vaincu par d'in-
„ dignes concurrens (Cratinus & Améip-
„ fias); deftinée que j'étais bien loin de
„ mériter. C'eft de cette chûte que j'ofe

(*a*) Je me fervirai de la traduction du P.
Brumoy, plus élégante que celle de Boivin,
fans être moins fidèle.

(*b*) *La meilleure !* ce mot eft remarquable ;
mais c'eft à l'article de la Comédie Grecque, que
nous ferons plus à portée d'apprécier le demi-
talent d'Ariftophane.

» me plaindre à vous, & aux honnêtes
» gens, pour qui seuls je travaille (a)......
» Aujourd'hui, ma Pièce reparaît, & elle
» vient, appuyée de son seul mérite &
» de sa seule beauté... Que ceux qui rient
» aux Drames de mes rivaux, ne se di-
» vertissent pas aux miens ; c'est tout
» le mal que je leur souhaite. Pour vous,
» Athéniens, si vous agréez les Nuées,
» je promets de vous croire désormais
» des hommes de goût par excellence «.

Une vanité aussi révoltante, ne réconcilia pas les Juges des Jeux avec la farce
des Nuées, il paraît que les Athéniens se
soucièrent fort peu d'être les hommes de
goût par excellence, s'il fallait acheter ce
nom, en couronnant un libelle sans talent, & ils se permirent, une seconde
fois, de siffler Aristophane (b).

(a) Nous venons de voir comment Aristophane
ne *travaillait que pour les honnêtes gens ;* mais
c'est une phrase de convention, adoptée par tous
les faiseurs de libelles.

(b) *Scholiast. in Aristoph.*

Cette double chûte des Nuées, explique parfaitement, comment Socrate, dénoncé au théâtre de sa Nation, comme un voleur, comme un Athée, comme l'infracteur de toutes les loix sociales, & l'ennemi né des Dieux & des hommes, comment, dis-je, malgré cet anathême flétrissant prononcé contre lui, il jouit encore, pendant plus de vingt ans, de toute sa gloire. Assurément, si les Nuées avaient été reçues avec enthousiasme, la cabale d'Anitus n'aurait pas tant tardé à triompher ; ce scélérat, au sortir du spectacle, avait droit de traîner Socrate devant les tribunaux, & de forcer les hommes, qui avaient couronné le dénonciateur, à frapper la victime.

Les Nuées, grace au bon goût d'Athènes, ne firent donc tort, dans le tems, qu'au Poète vil & insolent, qui avait osé calomnier, à la face d'une Nation entière, le génie & la vertu ; mais tel est le danger des libelles, dont un Gouvernement sans principe a la faiblesse d'autoriser la pu blicité, que la réclamation générale n'est qu'une faible sauve - garde pour l'innocence qu'on flétrit. Si la bleffure faite par la calomnie fe guérit d'abord, la cicatrice refte, & quand l'occafion d'être méchant fans danger fe préfente, le calomniateur vient r'ouvrir la cicatrice, & le jufte fuccombe. Telle eft l'hiftoire des Nuées. Ariftophane, par la chûte de fa Pièce, fut reconnu pour un fcélérat, &, ce qui le bleffait davantage, fans doute, pour un homme fans génie. Cependant c'eft ce même libelle d'Ariftophane, réchauffé vingt ans après par la bouche impure du fanatifme, qui prépara le fupplice de Socrate.

Le mot de fcélérat m'eft échappé en caractérifant Ariftophane; & ce mot, tout terrible qu'il eft, je ne l'effacerai pas. La crainte pufillanime de bleffer les enthoufiaftes des Anciens, ne doit point enchaîner ma plume, dévouée à la vérité. L'Hiftoire n'a qu'une grammaire, & quand les faits qu'elle expofe décèlent la fcélérateſſe, il faut qu'elle ait le courage d'appeller ſcélérat, l'homme accrédité qui s'en eſt rendu coupable. Si cette franchiſe fière, mais juſte, pouvait être interdite, il n'y aurait point en particulier d'hiſtoire des hommes.

PROCÈS CRIMINEL

D E

S O C R A T E.

Aɴɪᴛᴜs haïſſait originairement, dans Socrate, l'homme dont la philoſophie éclairait ſon fanatiſme & ſes travers ; il tenta de le perdre, en provoquant contre lui les Nuées d'Ariſtophane, & la Pièce n'ayant ſervi qu'au triomphe du Sage, il chercha pendant vingt ans à le punir du peu de ſuccès de ſa haîne. Les diſcordes inteſtines qui ſuivirent l'expulſion des Trente, lui parurent une circonſtance favorable, pour donner de l'activité à ſa vengeance. En effet, tous les corps de l'État, dans ce moment de criſe, voyaient de mauvais œil l'homme qui oſait être ſupérieur à ſon ſiècle. Le ſacerdoce s'indignait des progrès d'une morale sublime, qui tendait à épurer le culte public, à mettre de l'unité dans les différentes parties du Gouvernement, & à rapprocher les hommes ; la Magistrature, avilie par la longue impunité des brigandages qu'avaient exercés, dans Athènes, les Vice-Rois de Lacédémone, desirait d'humilier le Sage qui l'avait écrasée de sa vertu, dans le procès odieux de Théramène ; enfin, le peuple même, qui avait gémi long-tems de la tyrannie de Critias, se rappellant d'avoir vu autrefois ce scélérat à l'école de Socrate, haïssait le maître à cause du disciple. Telles étaient les dispositions des esprits, quand Anitus fit intenter, devant les tribunaux d'Athènes, un des procès les plus mémorables qui aient été consignés dans les annales des hommes.

Anitus, comme nous l'avons dit, s'était ligué avec Mélitus, qui défendait les Poëtes, & Lycon, qui voulait venger les Sophistes ; mais, quoique l'ame de toute l'intrigue , inſtruit par la chûte d'Ariſtophane , il ne voulut pas paraître lui-même ſur la ſcène. Ce fut Mélitus qui ſe chargea du rôle infâme de dénonciateur : quand tous les termes de l'accuſation eurent été peſés mûrement par la confédération des ennemis de Socrate , elle fut portée à l'Archonte-Roi , chargé de recevoir les accuſations de vol , d'impiété & de ſacrilege. Voici les termes mêmes de cette étrange accuſation de Mélitus , telle qu'elle nous a été tranſmiſe par Diogène.

» Mélitus ſe déclare le dénonciateur » de Socrate , fils de Sophroniſque.

» Socrate eſt coupable , parce qu'il ne » reconnaît point les Dieux que la Ré- » publique adore , & qu'il en introduit » de nouveaux à leur place.

» Il eſt coupable encore , parce qu'il » pervertit l'eſprit de la jeuneſſe.

» De tels crimes ne peuvent être expiés » que par la mort «.

A peine le péril de Socrate fut-il connu,

que tout ce qu'il y avait de grand & d'é-
clairé dans Athènes, parut dans la confternation ; les difciples du Philofophe
plus courageux, parce qu'ils le voyaient
de plus près, firent fervir leur talent à
fa défenfe. L'Orateur Lyfias, dans la
chaleur de fon enthoufiafme, compofa,
en peu de jours, une harangue entière,
que le célèbre accufé devait prononcer
devant fes Juges. Celui-ci la lut d'un
bout à l'autre avec un plaifir qu'il aimait
à manifefter, mais il la rendit à fon auteur. » Cette harangue, dit-il, me femble
» pleine de mouvemens; elle a une élo-
» quence qui entraîne : je la crois digne
» de Lyfias enfin, mais elle ferait mal
» placée dans la bouche de Socrate (a) «.

(a) *Cicer.* de Orat. lib. 1 ; *Diog. Laërt.* in
Socrat. Je ne fais pourquoi le Compilateur
Valère-Maxime, fe refufant ici à la tradition
de toute l'Antiquité, prétend que quand Lyfias
apporta fa harangue à Socrate, celui-ci répondit,
avec toute l'aigreur de la mifantropie, que *s'il*

Platon, inftruit par le refus de la harangue de Lyfias, vit que Socrate était trop grand pour qu'il fongeât à lui prêter fon ame ; mais, entraîné par fon zèle philofophique, il voulut défendre par lui - même l'apôtre de la raifon : malheureufement, il n'avait pas encore atteint cet âge de trente ans, fixé par les lois, pour avoir le droit de parler en public : il monta cependant fur la tribune ; mais à peine ouvrait - il la bouche, pour excufer fa jeuneffe, que les Magiftrats lui ordonnèrent de fe taire : il eft probable que le difcours, préparé alors par ce beau génie, a été fondu dans fes immortels Dialogues ; ainfi, il n'a pas été perdu pour la poftérité.

---

eût été capable de prononcer un pareil difcours, même dans les déferts de la Scythie, il fe ferait jugé indigne de vivre ; affurément un pareil trait convient plus au farouche Timon, qu'au Sage plein d'urbanité, qui cultivait la fociété d'Afpafie & d'Alcibiade.

Socrate, aux prifes avec le fanatifme de fon fiècle, ne pouvait être défendu que par lui-même; auffi defcendit-il feul dans l'arène, & il y offrit le fpectacle nouveau d'un accufé qui, plus tranquille fur la fellette, que fes Juges fur leur tribunal, converfait paifiblement avec les Arbitres fuprêmes de fa vie, comme s'il n'eût fait que difcuter des matières philofophiques, fous les portiques de l'Académie (*a*).

(*a*) Platon & Xénophon difent nous avoir tranfmis tous deux le difcours que leur maître prononça dans fa propre caufe; mais le morceau, eonfervé par le premier Ecrivain, mérite feul d'être analyfé dans une Hiftoire des Hommes, foit parce qu'étant préfent, il fut plus à portée de fe pénétrer de ce chef d'œuvre, foit parce qu'au fond, le beau génie de Platon était feul digne d'interpréter la belle ame de Socrate.

C'eft en parlant du difcours de Platon, que s'exprimait ainfi Montagne, le Patriarche des modernes Philofophes.

» Voyons par quelles raifons Socrate éveille

» Mélitus , ô Athéniens , a cherché ,
» dans une harangue artificieuse, à vous
» prémunir contre ce qu'il appelle mon
» éloquence ; s'il suffit d'être vrai pour
» êt e éloquent, j'ai quelque droit, fans
» doute , à me mettre au rang des Ora-
» teurs , car je n'ai que des faits à vous
» expofer : c'eft avec l'hiftoire de ma vie

» fon courage aux hafards de la guerre , & fur-
» tout quels argumens fortifient fa patience contre
» la calomnie, la tyrannie & la mort. Il n'y a
» rien ici d'emprunté de l'art & des fciences.
» Les plus fimples y reconnaiffent leurs moyens
» & leurs forces. Il a rendu un grand fervice à
» l'humanité entière, de montrer combien elle
» peut d'elle - même : car c'eft un plaidoyer
» puérile , & cependant d'une hauteur inima-
» ginable , & employé en quelle néceffité ! &
» fa façon d'argumenter eft admirable égale-
» ment, & en fimplicité, & en véhémence. Il
» eft plus aifé de parler comme Ariftote, & de
» vivre comme Céfar, qu'il n'eft aifé de parler
» & de vivre comme Socrate : là loge l'extrême
» degré de perfection & de difficulté, l'art n'y
» peut joindre «. *Effais* , liv. 3 , ch. 12.

» que

» qu: je veux fauver, s'il eft poffible, à
» mon ennemi, le crime de ma mort.

» Je touche à ma foixante & dixième
» année, & c'eft pour la première fois
» que j'entre dans ce palais conf.cré à
» l'ex.men & au jugement des grands
» crimes. Je ne connais point le ftyle
» en ufage dans ces lieux terribles; mais
» vous me traiterez, fans doute, avec
» autant d'indulgence qu'un étranger
» qui cherche à balbutier votre langue:
» au fond, que nous importent à tous
» ces formes verfatiles dont la chicane
» s'enveloppe ? L'effentiel , pour des
» Magiftrats, eft d'être juftes, & pour
» un accufé qui plaide fa caufe, de dire
» la vérité.

» L'accufation dont je fuis la victime,
» remonte à une époque très - reculée.
» C'eft la fuite d'un complot tramé il y
» a un grand nombre d'années : vous
» étiez alors dans cet âge heureux, où
» l'ame, neuve encore, ne fe défie de
» rien : il ne fut pas difficile à mes en-

» nemis de furprendre votre inexpérience.
» Ces ennemis, qui ont employé toute
» leur vie à empoifonner la mienne, font
» bien plus dangereux, que les accufateurs
» qui me mettent aujourd'hui en caufe.
» Car ils font en crédit dans Athènes,
» ils gouvernent fon opinion, & leur
» puiffance enchaîne tellement ma voix,
» que je n'ai pas la liberté de les nommer.
» Ces antiques calomnies, dont on a
» bercé votre jeuneffe, font le vrai germe
» de la dénonciation de Mélitus : s'il fallait
» les réduire en forme, voici quels en
» feraient les principaux chefs : *Socrate*
» *eft un impie : jouet d'une curiofité cri-*
» *minelle, il veut lire ce qui fe paffe dans*
» *les cieux, & fonder ce que la terre recèle*
» *dans fes abîmes ; il a des moyens de*
» *confondre les idées du jufte & de l'injufte,*
» *& il fe fert de ces fecrets dangereux pour*
» *pervertir l'efprit de la jeuneffe.*
» Ariftophane, l'interprète des hommes
» puiffans qui m'oppriment, a configné
» ces calomnies dans fa Comédie des

» Nuées, où le personnage, qu'on dé-
» vouait à la risée publique, était repré-
» senté, suspendu dans une corbeille,
» promettant de se promener dans les
» airs, & enseignant une foule de secrets
» ridicules dont je ne me doutai jamais.
» Mélitus, en me dénonçant aux Tribu-
» naux, n'a fait qu'étendre le venin de
» cette Comédie.

» Mais, me direz-vous : la calomnie,
» toute obscure qu'elle est, a toujours
» une base sur laquelle elle repose : si
» Socrate avait mené la vie simple &
» uniforme des autres citoyens, l'envie
» aurait respecté son obscurité vertueuse,
» & ses jours ne seraient pas maintenant
» en danger.

» Ma réponse, ô Athéniens, mérite
» qu'on la pèse ! je n'ai point recherché
» cette célébrité qui a éveillé l'envie. Je
» la dois uniquement au nom de Sage
» que m'a donné l'Oracle : nom fastueux,
» mais dont j'ai été loin de me prévaloir,
» puisqu'il ne désignait, à mes yeux, que

» la franchife avec laquelle je déclarais
» favoir que je ne favais rien (*a*).

» Cependant, la jeuneffe la plus bril-
» lante d'Athènes, féduite par l'Oracle,
» s'attacha à moi, & voyant que, par
» ma manière de converfer avec les So-
» phiftes, je mettais au jour le néant de
» leurs fyftêmes, elle tenta de m'imiter,
» & elle y réuffit fans peine ; car la
» préfomption de l'homme, qui croit
» favoir tout, eft toujours en défaut au-
» près de la bonhommie de l'homme
» ingénu qui ne fait rien.

» Ces expériences de mes jeunes amis
» me devinrent bientôt fatales. Les So-
» phiftes humiliés s'en prirent à moi:
» ils allaient difant par-tout *qu'il y avait*
» *un certain Socrate, ennemi de Dieu &*
» *des Loix, qui pervertiffait la jeuneffe.*
» On leur demandait alors quels étaient

(*a*) Ici eft toute l'hiftoire de l'Oracle, telle
qu'elle a été rapportée ci-deffus pag. 128.

» les principes de ce perturbateur du
» repos public, mais ils n'en favaient
» rien : cependant, pour ne pas être
» foupçonnés d'impofture, ils avaient re-
» cours à tous ces reproches vulgaires
» dont on noircit la vertu des Philofo-
» phes : tels que *fes regards téméraires*
» *cherchent à lire dans l'avenir. Il ne croit*
» *point de Dieux. Il a des fecrets pour*
» *rendre bonnes les plus mauvaifes caufes.*
» Ces imputations n'ont jamais été fou-
» mifes à l'examen; mais, à force d'être
» répétées, elles ont pris racine dans les
» efprits, & je fuis forcé d'y répondre,
» comme fi j'avais été autrefois convaincu
» par la Comédie d'Arifophane «.

Ici, Socrate examine, en détail, tous
les chefs de l'accufation de Mélitus; mais
ce n'eft point un Orateur qui emploie les
preftiges de l'éloquence pour féduire fes
Juges; c'eft un Sage qui converfe paifiblement avec un Sophifte : il interroge le
fcélérat qui l'a dénoncé, & il lui arrache
des aveux qui le démafquent. Cette lutte

ſi inégale, où le génie de Socrate paraît dans toute ſa ſupériorité, devait ſuffire, pour le triomphe du Sage, ſi les Magiſtrats, cédant à l'impulſion du fanatiſme, n'avaient pas prononcé, dans leur cœur, la ſentence de l'accuſé, avant même qu'il eût ouvert la bouche pour ſa défenſe (*a*).

(*a*) La défenſe de Socrate roule particulièrement ſur l'accuſation d'athéiſme, réchauffée d'après les calomnies d'Ariſtophane, & il eſt impoſſible d'avoir, à cet égard, une morale plus ſublime que ce grand homme. Xénophon, qui ne s'était point concerté avec Platon, regardait le Sage comme un des plus grands Apôtres de la Divinité. Le premier livre *des actions mémorables de Socrate*, eſt plein de textes, où il rend hommage à ſa croyance : *il ne lui échappa jamais*, dit-il, *une ſeule parole contre le reſpect dû à la Divinité* ; ailleurs, il ajoute : *mon Maître admettait une Providence qui embraſſe tout ; mais il ne voulait point qu'on importunât les Oracles ſur ce que la prudence humaine peut prévoir :* enfin, dans un autre endroit, Xénophon écrit : *Socrate aimait à prier l'Etre ſuprême ; mais il ſe contentait de lui demander ce qui était*

,, Athéniens , ajoute le Sage , vous
,, voyez mes ennemis consternés , &

---

bon ; car , d'ordinaire , l'homme qui le prie ne
le fait pas.

Nous n'avons pas osé insérer , dans le cours
de cette histoire , toute la partie du discours
de Socrate , où il est en scène avec Mélitus ,
soit à cause de la longueur des détails , soit
parce que le dialogue perdrait de son prix par
l'analyse ; mais , afin de connaître la manière
de ce grand homme , nous allons transcrire ,
dans cette note , le morceau où il se justifie
du crime de pervertir la jeunesse.

S O C R A T E.

,, Répondez - moi , Mélitus : vous avez à
,, cœur que nos jeunes Athéniens deviennent
,, aussi bons qu'ils peuvent l'être ?

M É L I T U S.

,, Sans doute.

S O C R A T E.

,, Dites donc aux Magistrats par quel secret

» mon dénonciateur réduit au silence ;
» mais il me reste encore des choses à

» ces jeunes gens peuvent devenir meilleurs ;
» car vous qui savez comment on les pervertit,
» vous savez par conséquent comment on les
» forme à la vertu. Vous semblez interdit : on
» dirait que tout ce qui tend à la perfectibilité
» de l'espèce humaine, vous toucherait peu :
» revenez à vous-même, & dites-moi qui peut
» rendre la jeunesse meilleure.

MÉLITUS.

» Les loix.

SOCRATE.

» Vous éludez la question : je demande quel
» est l'homme qui a un pareil talent ; car il
» est évident que la première connaissance de
» l'Instituteur de la jeunesse, est celle des loix.

MÉLITUS.

» Il n'appartient qu'à nos Juges de former la
» jeunesse à la vertu.

» vous dire : ma caufe eft plus impor-
» tante que vous ne croyez ; elle tient à

S O C R A T E.

» Fort bien : mais ce talent eft-il donné au
» corps entier de nos Juges ?

M É L I T U S.

» Au corps tout entier.

S O C R A T E.

» J'en fuis enchanté : la jeuneffe d'Athènes
» ne manquera pas d'Inftituteurs. Mais, ces
» hommes de bien qui nous écoutent, penfent-
» ils auffi à améliorer notre fyftême d'éducation.

M É L I T U S.

» Ils en ont encore le pouvoir.

S O C R A T E.

» Mettez - vous dans le même rang les Mem-
» bres du Sénat ?

„ l'hiftoire d'Athènes, & on parlera des
„ caufes qui ont amené une fi étrange

M É L I T U S.

„ J'en fais gloire.

S O C R A T E.

„ Il réfulte de ces aveux, que les Athéniens
„ ont tous un fecret que moi feul j'ignore : tous
„ peuvent rendre les jeunes gens meilleurs, &
„ moi feul, je ne fais que les pervertir : eft-ce-
„ là votre opinion ?

M É L I T U S.

„ Je fuis loin de vous contredire.

S O C R A T E.

„ Eh bien, la deftinée de la jeuneffe d'Athènes
„ ne faurait être plus digne d'envie ; il n'y a
„ qu'un feul citoyen qui l'égare, & tous les
„ autres peuvent la redreffer. — Mais le pro-
„ blême qui nous occupe n'eft pas encore ré-
„ folu. Mélitus, répondez-moi : quelle eft la

» accufation, long-tems après que les
» taches du délit feront effacées.

» fociété la plus utile, de celle du méchant,
» ou de celle de l'homme de bien ? N'eft-il pas
» vrai que fi le méchant nuit toujours, même
» à fes complices, l'homme de bien eft tou-
» jours utile a celui qui le fréquente ?

MÉLITUS.

» Telle eft mon opinion.

SOCRATE.

» Y aurait-il quelqu'un qui préférerait le mal
» qui lui nuit, au bien qui le rend heureux ?

MÉLITUS.

» Non ; il n'y a perfonne.

SOCRATE.

» Votre franchife me plaît : continuons :
» quand vous m'accufez, Mélitus, de pervertir
» la jeuneffe, prétendez-vous que je le fais de
» deffein prémédité ?

» Ne croyez pas, si je succombe, que
» ce soit Anitus ou Mélitus qui soient

MÉLITUS.

» Oui, de dessein prémédité.

SOCRATE.

» Mais, vous venez de m'accorder que le
» méchant nuit toujours, même à ses compli-
» ces; ainsi, si je rends quelqu'un méchant, je
» m'expose, de dessein prémédité, à en recevoir
» du mal Le résultat de notre entretien est bien
» simple : il faut de deux choses l'une ; ou que
» je ne corrompe pas la jeunesse d'Athènes,
» ou si je la corromps, que ce ne soit pas de
» dessein prémédité. — Maintenant, Mélitus,
» jugez-vous vous-même : supposé que personne
» ne soit sorti perverti de mes mains, voilà
» votre dénonciation évidemment suspecte d'im-
» posture : supposé que j'aie gâté l'esprit de la
» jeunesse, sans le savoir, vous avez blessé nos
» loix en me dénonçant. Nos loix ne sévissent
» point contre les erreurs involontaires ; elles
» veulent que le citoyen qui erre ayant le cœur
» bon, soit averti, avec amitié, dans le sein

» les auteurs de ma perte : ils n'auront
» été que les instrumens aveugles de l'en-
» vie, de cette envie qui a empoisonné
» les jours de Miltiade & d'Aristide, qui
» a fait couler le sang de tant d'hommes
» de bien, & qui a encore tant de têtes
» innocentes à moissonner : car je ne me
» flatte pas d'être sa dernière victime.

» Vous allez me dire, peut-être : *So-*
» *crate, où est la prudence de s'attacher à*
» *une philosophie qui expose à mourir avant*
» *l'âge ?* Je réponds que la vertu ne se
» laisse point enchaîner par une prudence
» pusillanime ; l'homme de bien, dans
» quelque circonstance qu'il se trouve,
» doit se demander : *ce que je fais est-il*
» *juste ou injuste ?* & non pas, *n'en re-*
» *cueillerai-je d'autre fruit que la mort ?*

» Tout citoyen qui a choisi un poste
» honorable, ou que son Souverain y a
» placé, doit l'occuper avec courage ; il

» des familles, & non qu'on le traîne aux pieds
» des tribunaux, comme l'ennemi de sa patrie «.

» faut qu'il foit fenfible à la honte de le
» mal remplir, plutôt qu'au danger d'être
» victime de l'envie, s'il le remplit avec
» diftinction.

» Quelle idée, ô Athéniens, auriez-
» vous donc de Socrate, fi, après avoir
» gardé, avec fidélité, les poftes que la
» patrie lui a confiés à Délie, à Potidée
» & à Amphipolis, poftes où il a cherché
» tant de fois à vaincre & non à vivre,
» aujourd'hui que la Providence, qui
» embraffe tous les êtres, l'a conduit à
» déclarer une guerre philofophique à fes
» vices & à ceux de la génération qui
» s'élève, il allait, par la crainte de la
» mort, adopter la langueur d'une vie
» inutile à fes concitoyens ! Une telle
» conduite ferait la plus criminelle des
» défertions, & malheur alors au Gou-
» vernement faible qui ne m'en punirait
» pas !

» Je veux vous dévoiler, ô Athéniens,
» mon ame toute entière ! Oui, fi au-
» jourd'hui vous me renvoyiez abfous,

„ à condition cependant de ceſſer d'être
„ Philoſophe : je vous dirai : *ne doutez*
„ *pas, ô mes concitoyens, que je ne vous*
„ *aime & ne vous honore ! Mais Dieu &*
„ *ma conſcience parlent dans mon cœur*
„ *plus haut que vos Magiſtrats. Je ne*
„ *ceſſerai jamais de préſenter, à la jeu-*
„ *neſſe, le flambeau de la morale, dût*
„ *ſa clarté l'importuner quelquefois ; je ren-*
„ *drai vertueux tout ce qui m'environne, &*
„ *ſi ma mort eſt l'unique récompenſe de mes*
„ *travaux, j'aurai payé ma dette envers*
„ *la patrie, & je quitte l'exiſtence ſans*
„ *la regretter.*

„ La Providence ſemble m'avoir jetté
„ parmi vous, comme un grand éperon,
„ pour vous réveiller de votre léthargie.
„ Il vous ſera difficile, peut-être, de
„ trouver un homme de bien qui me
„ remplace, du moins par le déſinté-
„ reſſement que j'ai mis dans l'exercice
„ de la Magiſtrature pacifique que je me
„ ſuis impoſée : car jamais je n'ai mis
„ le prix le plus léger à mes conſeils ; les

» plus audacieux de mes accufateurs n'ont
» pu, à cet égard, élever des nuages fur
» mes principes ; & , s'ils l'avaient ofé, je
» leur oppoferais un témoin irréprocha-
» ble ; mon éternelle pauvreté.

   » Le courage avec lequel je me dé-
» fends, paraîtra, peut-être, un crime à
» quelques-uns d'entre vous. Il en eft,
» dans ce cercle qui m'environne, qui,
» traînés comme moi dans ce palais terri-
» ble, & expofés à un danger bien m ins
» éminent, ont cherché à attendrir leurs
» Juges par le fpectacle de leurs amis
» éplorés, & de leurs enfans fur le point
» de devenir orphelins : j'ai des amis
» auffi, ô Athéniens, mon cœur fenfible
» m'en eft le garant ! le dirai-je encore !
» il me refte trois fils, dont l'âge tendre
» follicite ma tendreffe : cependant, je
» n'aurai point recours à leurs larmes
» pour faire couler les vôtres : non qu'un
» dédain fuperbe pour mes concitoyens
» foit le principe de mon refus ; ce fen-
» timent pénible n'eft pas fait pour moi ;

» mais,

« mais, dans la haute idée que j'ai de ma
» patrie, je ne dois point la fléchir par
» des moyens qui l'humilient ; l'homme
» timide, en offrant, à ses Juges , des
» tableaux pathétiques, semble annoncer
» qu'il se défie de leur vertu, & moi, je
» crois les honorer en attendant tran-
» quillement ma sentence «.

Un pareil discours, où l'accusé semblait
moins se défendre que juger ses Juges,
n'était pas fait pour ramener les hommes
de sang qui avaient juré sa perte; aussi
l'orage que le Philosophe avait tenté de
conjurer, ne fit que redoubler de violence. Il est vrai que dans le premier moment, des cinq cents Juges qui compo-
saient le tribunal, le plus grand nombre
pencha vers Socrate, & que Mélitus, en
vertu de la loi, allait être condamné à
l'amende des calomniateurs ; mais Anitus,
jusques là l'agent invisible de toute la
conspiration, leva le masque, & cabala
avec tant de succès dans le palais même,
qu'il ramena au dénonciateur tous les

hommes fans caractère que pouvait allar-
mer le triomphe des lumières. Alors deux
cents quatre-vingts Magiftrats, le Préfi-
dent à leur tête, donnèrent leur voix
contre Socrate, & il ne lui refta plus que
deux cents vingt fuffrages. Cette pluralité
entraîna la fentence qui déclarait le Sage
atteint & convaincu d'avoir donné à la
jeuneffe une morale perverfe, & d'avoir
voulu fubftituer des Divinités imaginaires, aux Dieux de la République.

Socrate entendit l'expofé de cet arrêt,
fans que le moindre nuage parût troubler
fa férénité. „ Je vois, dit il, qu'il n'a
„ tenu qu'à trente boules que je fuffe ren-
„ voyé abfous : la victoire de Mélitus eft
„ bien faible, & l'honneur de ma patrie
„ eft en fûreté «.

Dans le code criminel d'Athènes, la
première fentence qu'on lifait à l'accufé,
déclarait feulement qu'il était coupable,
fans rien ftatuer fur la peine qu'il devait
fubir; & lorfqu'il ne s'agiffait pas d'un
crime d'Etat, on laiffait ordinairement au

coupable, le choix de cette peine (*a*) ; c'eſt d'après ce dernier interrogatoire, que les Juges, après avoir opiné une ſeconde fois, rendaient l'arrêt définitif. On avertit Socrate qu'il ne tenait qu'à lui de faire infirmer les concluſions de Mélitus, & de voir ſubſtituer à la peine de mort, la priſon, l'exil, ou même une ſimple amende. D'abord ce grand homme refuſa de prononcer, parce que le ſeul choix des peines, annonçait qu'il ſe croyait coupable (*b*) ; enſuite, ſe voyant

---

(*a*) *Cicer.* de orat. lib. 1.

(*b*) Platon fait entendre, cependant, que par condeſcendance pour ſes amis, il ſe taxa à une amende proportionnée à ſon indigence, c'eſt-à-dire à une mine (un peu plus de ſoixante & douze livres de notre monnaie), & que ſes diſciples, un moment après, ayant propoſé de le cautionner, il fit monter ſon offre juſqu'à trente mines. Mais Xénophon aſſure poſitivement que le Sage, incapable de plier, ne ſe condamna à aucune amende, & l'opinion de cet Hiſtorien eſt préférable, parce qu'elle ſe concilie mieux avec le caractère connu de Socrate.

interpellé par l'interprète des Magistrats, il fit la réponse mémorable qui lui a valu son supplice & son apothéose.

Nous avons vu, dans le cours de cette histoire, qu'Athènes, qui tenait de ses sages Législateurs, non-seulement un code de peines, mais encore un code de récompenses, avait, dans l'enceinte de ses remparts, un édifice public, nommé le Prytanée, où elle nourrissait, au dépens de son trésor, les veuves des guerriers morts pour sa défense, ses vieux Athlètes, que la Grèce autrefois avait couronnés, & tous les bienfaiteurs de l'Etat qui avaient droit à sa reconnaissance. Socrate, interrogé sur le choix de la peine qu'il méritait, eut l'audace sublime de répondre, que pour prix d'un demi-siècle de vie consacré à rendre ses concitoyens plus vertueux, il se condamnait à être nourri dans le Prytanée, au dépens de la République.

Ce mot révolta le tribunal entier; on alla aux voix, & Socrate fut condamné prefqu'unanimement à boire la ciguë (*a*).

» Eh pourquoi, ô Athéniens ! dit le
» Philofophe magnanime, vous hâter de
» faire périr un citoyen qu'on honorait
» du titre de Sage, qui ne l'était pas
» fans doute, mais qui, grace à fon fup-
» plice, va le devenir aux yeux de la
» Grèce ? que n'attendiez-vous un peu
» de tems ? La vieilleffe a déja blanchi
» mes cheveux, & je touche au moment
» où la nature nous condamne tous à
» mourir.

» Il m'eût été facile, en employant les
» reffources des coupables, de m'échapper
» d'entre vos mains : vous vous attendiez
» peut-être à voir Socrate defcendre à
» d'indignes juftifications, embraffer vos
» genoux, les baigner de larmes : mais
» l'homme qui ne s'eft jamais permis de

(a) *Cujus refponfo fic judices exarferunt, ut
capitis, hominem innocentiffimum condemnarent.*
Voyez *Cicer.* de Oratore lib. 1.

» baſſeſſe pendant ſa vie, ne ſe deshonore
» pas ainſi à la fin de ſa carrière : j'ai mis
» dans ma défenſe la noble fierté qui con-
» venait à mon caractère, & quoique ma
» mort en ſoit le prix, je ne m'en repens
» pas, car j'aime encore mieux boire la
» ciguë, après avoir rempli mes devoirs,
» que de traîner une pénible exiſtence,
» après avoir rempli vos injuſtes deſirs.
» Ma deſtinée, toute rigoureuſe qu'elle
» paraît, eſt préférable ſans doute à celle
» de mes accuſateurs ; vous ne me dé-
» vouez qu'à la mort, & ils ſont dévoués
» pour jamais à l'infamie «.

Socrate, coupable d'un crime que l'envie ne pardonne jamais, du crime d'être
plus éclairé que ſon ſiècle, fut livré aux
ſatellites des Magiſtrats, qui le conduiſi-
rent dans la priſon.

Tous les mots qui échappèrent au Sage,
pendant cette route ignominieuſe, pei-
gnent un homme ſupérieur à lui-même.
Apollodore, un de ſes diſciples, lui té-
moignant ſa douleur de le voir mourir

innocent ; *eh voudrais-tu , lui* répondit-il en fouriant , *que je mouruffe coupable ?*

Anitus & Mélitus , implacables dans leur vengeance, comme tous les fanatiques, percèrent la foule , & parurent , pour repaître leurs regards de l'humiliation de leur victime ; Socrate ne détourna point fes yeux. *Anitus & Mélitus , dit il , peuvent me faire boire la ciguë , mais il n'eft pas en leur pouvoir de me faire du mal.*

L'entretien avec Hermogène me femble plus admirable encore (*a*). Socrate , tranquille fur lui-même , parce que fa grande ame n'avait rien à lui reprocher, difcourait de tout dans le chemin de la prifon, excepté des fuites de fon jugement. „ Ne ferait-il pas à propos, difait „ Hermogène , que cette multitude irré„ folue & fans caractère , apprît de la „ bouche même de Socrate fon innocence ?

(*a*) Xénophon place cet entretien après la première dénonciation de Mélitus. *De reb. Memor.* lib. 4.

» — Bon citoyen! eh qu'ai-je fait autre
» chofe, durant tout le cours de ma vie,
» que de préparer Athènes à gémir fur
» ma mort? — Socrate, je ne vous en-
» tends point. — Depuis que mon en-
» tendement a fecoué fes langes, je me
» fuis appliqué à diftinguer ce qui eft
» jufte de ce qui ne l'eft pas. Mon ami,
» j'arrive à mon terme fans remords : eh
» bien! l'exemple de ma vie fera mon
» apologie «.

Ainfi marchait Socrate ; tout ce qu'il y
avait d'éclairé dans Athènes lui fervait de
cortége ; les uns pleuraient d'attendriffe-
ment, & les autres de fureur. Platon,
plus éloquent qu'eux tous, ne pleurait
pas, mais on voyait à fes regards ternes,
à fon vifage défait, à fa démarche chan-
celante, que fon ame était oppreffée fous
le poids de la douleur. La vue de la
prifon le tira de la fombre rêverie où il
paraiffait abforbé ; le feu de fes yeux fe
ranima, & il eut cet entretien avec Socrate.

PLATON.

Suprême Ordonnateur des mondes, je te remerciais de m'avoir fait naître dans le pays de la terre où il y a le plus de lumières —j'avais tort.

SOCRATE.

Non, Platon, il est juste de remercier le Ciel, même des douces illusions qu'il nous procure : eh! que sont les jouiſſances de la vie, sinon des illusions? tant que nous reſpirons sur ce globe, nous ne voyons les objets qu'au travers d'un rideau; à la mort ce rideau se lève, & la vérité se découvre. — Platon, je vois déja la main céleste qui entr'ouvre le rideau.

PLATON.

Quoi! dans cette Athènes où Xénophane a foudroyé sans péril la théologie d'Héſiode, où on lit les livres des sept Sages, où Euripide fait entendre sur le théâtre la voix de la raison, Socrate boirait la ciguë! Socrate ne serait vengé que par les vains murmures de la postérité!

SOCRATE.

Mon ami, vous avez cru votre siècle éclairé , & il ne l'est pas : quelques hommes de génie paraissent de tems en tems sur la scène, mais ils restent isolés, & la multitude ne se détourne même pas pour les appercevoir.

Le Philosophe écrit; quant au peuple, il travaille, il s'intrigue obscurément, il persécute, mais il ne lit pas.

En général, tout homme sans principes a peur, & c'est parce qu'il a peur, qu'il opprime les sages; c'est un enfant qui se heurte pendant la nuit contre des cailloux qu'il rencontre, & qui veut les punir de sa méprise, en les changeant de place.

Au reste, cette peur ne peut rien sans le Prêtre qui la fait mouvoir : Timée & Xénophane n'avaient point fait trembler les Interprètes des Dieux ; voilà pourquoi ils sont morts dans leur lit : j'ai eu la courageuse mal-adresse de braver Anitus, & je vais boire la ciguë.

PLATON.

Et le voilà, l'éternel opprobre de ma Nation, qu'où il y a des loix, il y ait des oracles, & qu'un Prêtre ait droit de faire mourir un Philosophe !

SOCRATE.

Mon ami, encore une fois, le peuple ne change jamais : c'est un assemblage de bêtes de somme qui se laissent monter & brider par le premier audacieux qui se présente ; cet audacieux est-il un homme de génie ? on dit que le siècle est éclairé : n'est-ce qu'un enthousiaste ? on traite le siècle de barbare.

Platon, vous êtes un des hommes les plus faits pour imprimer un caractère de grandeur au siècle où vous vivez : mais content d'éclairer les citoyens qui vous reſſemblent, n'attendez du peuple ni raiſon ni reconnaiſſance.

Vous voulez fonder une République parfaite; laiſſez le peuple s'y introduire, mais qu'il y ſoit à jamais ſans pouvoir; que l'être organiſé, pour ne penſer que d'après les autres, ne puiſſe jamais agir d'après lui même : voilà le dernier conſeil que vous donne mon amitié; il eſt fait pour laiſſer une trace profonde dans votre mémoire, je meurs pour en prouver la ſageſſe.

Ce chapitre eſt extrait, avec la plus grande fidélité, des ouvrages originaux; nous n'avons cherché ni à embellir, ni à reſtreindre un tableau d'une telle importance; nous l'avons donné dans toute ſa pureté primitive. L'air dramatique que préſente l'hiſtoire de Socrate, ne doit pas jetter le plus léger ſoupçon ſur ſa fidélité : Platon, qui était préſent à cette grande tragédie, & de qui nous avons emprunté les principaux traits de notre récit, eſt, comme l'on ſait, le plus dramatique des Philoſophes de l'antiquité : preſque tous nos dialogues, en particulier, ſont en eſprit dans les ouvrages de l'immortel diſciple de Socrate.

MORT DE SOCRATE.

DU moment que Socrate entra dans la prison d'Athènes, elle en perdit le nom, parce qu'elle devint, dès-lors, le séjour du génie & de la vertu. Cependant la superstition, qui avait préparé le supplice de ce grand homme, servit elle - même à le retarder. On était dans l'usage d'envoyer tous les ans un vaisseau de la République à Délos, pour faire des sacrifices expiatoires , & du moment que le Prêtre d'Apollon avait couronné la pouppe de ce vaisseau, pour signe de son départ, jusqu'à son retour, il était défendu d'exécuter, dans la ville , aucun arrêt de mort. La sentence de Socrate n'ayant été prononcée que le lendemain de cette cérémonie religieuse, il fallut attendre que la navigation sacrée fût terminée, pour arriver au dénouement de cette sanglante tragédie. Ainfi, il s'écoula trente jours entre le jugement du Sage & fon fupplice.

La Mort, pendant ce long intervalle, eut tout le tems de fe préfenter, à Socrate, avec toutes fes horreurs ; mais comme il ne la regardait que comme le foir d'un beau jour, il n'en fut point affecté ; fes amis allaient le voir ; il s'occupait lui-même à les confoler, & eux feuls, peut-être, en avaient befoin. C'eft alors qu'il prononça ce fameux difcours fur l'immortalité de l'ame, que Platon nous a confervé, & qui rendra à jamais refpectable le nom du Sage, & celui de fon éloquent interprète. Enfin, le vaiffeau fatal arriva de Délos, & il fallut que le fanatifme dévorât fa victime : ne perdons aucun trait de ce tableau, le plus intéreffant, peut-être, que la Philofophie rencontre dans l'Hiftoire des hommes.

La lumière pâle du crépufcule commençait à percer dans la prifon de Socrate: ce Sage avait paffé la nuit à méditer fur l'immortalité de l'ame : Xantippe sa femme, l'œil encore humide des pleurs qu'elle venait de répandre, regardait tristement cet illustre captif qu'elle avait tourmenté tant qu'il avait vécu, & qu'elle soupçonnait un grand homme à l'instant où elle allait le perdre : un fils âgé de sept ans, qu'elle avait de Socrate, dormait à ses pieds, une main étendue sur les genoux de Xantippe, & l'autre sur les chaînes de son père ; tout-à-coup la porte s'ouvre, un partisan du systême de Diagoras, contre la Divinité, Philoxène, entre : » Socrate, » dit ce dangereux athée, je viens assister » à la dernière scène de ta vie ; tes amis » n'ont pu sauver le plus grand des crimes » à ta patrie ; le ciguë se prépare, & tu » vas mourir «.

A ce mot fatal, Xantippe se lève à demi, & retombe sans connaissance ; l'enfant se réveille en sursaut, & s'élance entre les bras de son père ; Socrate, cédant à la nature, sans perdre sa grandeur d'ame ; intrépide pour lui-même, mais ému du tableau pathétique qu'il envisage, porte l'enfant éperdu sur les genoux de Xantippe, & laisse aux caresses d'un fils le soin de ranimer la plus tendre des mères; ensuite il va ouvrir une des fenêtres de sa prison éclairée des feux de l'orient : » Il faut, dit-il, que je jouisse encore » une fois du tableau de la nature — & après un moment de silence : » cet astre » ne se couchera donc plus pour Socrate! » Ordonnateur des mondes, fais qu'il » se lève un jour pour Philoxène! »

En ce moment le satellite des Onze (a) vient, suivant l'usage, ôter le captif: Socrate s'assied & frotte doucement la jambe qui avait été si long-tems meurtrie par le poids de sa chaîne : » Oh que la » douleur, dit-il, est voisine du plaisir! »·Je veux que Platon en fasse un dialo- » gue. Mais mes amis ne viennent point: » hier ils avaient prévenu le lever du

____

(a) On donnait ce nom aux onze Magistrats chargés de l'intendance des prisons.

» soleil :

» foleil : eft-ce que l'approche de la mort
» ferait plus douloureufe pour l'homme
» qui l'apperçoit que pour celui qui doit
» la fubir « ?

Cependant Xantippe, revenue de ce
fommeil de mort où elle avait été quelque
tems plongée, faifait retentir la prifon de
fes cris lugubres, invoquait Jupiter, &
tour-à-tour preffait fon fils contre fon
fein, & maudiffait Anitus & l'Aréopage.

Platon paraît alors à la tête des Philofophes : à la vue du Sage, il jette un cri de
douleur, & s'enveloppe la tête de fon
manteau : les autres, fans proférer un feul
mot, fe répandent dans la prifon, foula-
gent Xantippe en pleurant avec elle, &
careffent fon fils, qui, dans fon innocence
naïve, fe jouait à l'écart avec les chaînes
de fon père : pour Philoxène, il ne fe leva
point ; il ne careffa perfonne ; on l'aurait
pris pour un Scythe qui venait au théatre
d'Athènes, entendre une tragédie de Sophocle.

Socrate, au milieu de ce défordre,

toujours maître de lui-même, s'approche du Geolier, l'aide à broyer la ciguë ; & revenant auprès des Philosophes : » Eh » bien, mes amis, dit-il, est-ce que » nous ne continuerons par notre entre- » tien d'hier sur l'immortalité ? »

» Quoi ! disait Platon, l'ame d'un » Anitus est immortelle « ? — & il voilait encore sa tête de son manteau.

» Oui, répondait Cébès, elle l'est, » ainsi que celle des Titye, des Tantale, » & des Atrée : il faut que le supplice » affreux de l'assassin des Sages justifie la » Providence «. — Et il errait dans la prison, poussant de tems en tems les cris inarticulés du désespoir.

» Mes amis, disait Socrate, ne ter- » nissons point l'éclat de ma mort ; ma » cause & votre intérêt la rendent assez » glorieuse ; cet Anitus que vous dévouez » à d'éternelles vengeances, est-il donc » si coupable ? J'ai tenté de lui ôter les » Dieux fantastiques avec lesquels il aveu- » glait la multitude, & il s'est vengé ;

» c'eſt l'ordre moral : ſi je mourais dans
» mon lit, il n'y aurait point de fanatiſme
» dans Athènes, & Anitus ne ferait point
» Anitus.

» Au reſte, quand je me propoſai d'a-
» battre les Autels de la ſuperſtition, je
» me déterminai à mourir ; je me dis à
» moi-même : il faut annoncer la vérité à
» ma patrie, dût-elle m'en punir : & la
» vérité eſt bien peu de choſe, ſi on ne
» ſacrifie pas pour elle une tête ſeptuagé-
» naire, dont l'exiſtence commence à
» peſer au genre humain.

» Non, Cébès, je ne démentirai point
» ma philoſophie, au moment où je vais en
» recueillir les fruits ; j'aime encore mieux
» être victime dans une religion qui par-
» donne, qu'aſſaſſin dans une religion
» qui perſécute.

» Je boirai la ciguë ſans maudire Anitus ;
» il n'y a que les coupables qui maudiſſent
» leurs Juges ; & mon cœur me dit que
» je ne puis être coupable, puiſque vous
» m'aimez «.

Cependant le breuvage fatal était prêt ; dejà le satellite des Onze le versait dans le vase destiné à le recevoir. Xantippe, dans les accès de son désespoir, s'élance sur la coupe de ciguë , & veut la renverser ; Socrate l'arrête : » Mon amie , lui » dit - il , ne faisons point triompher » Anitus ; votre zèle pour moi serait hé- » roïque ailleurs ; ici il est un crime : » croyez moi ; abandonnez cette prison ; » ne rendez pas , par votre sensibilité , » ma mort douloureuse..... allez..... nous » nous reverons un jour..... Xantippe ; » nous nous reverrons..... «.

Alors Socrate embrassa Xantippe ; & à un signal qu'il fit, on l'emmena hors de l'enceinte de la prison.

Le Philosophe eut un peu plus de peine à se séparer de son fils ; cet aimable enfant avait enlacé un de ses bras autour du cou de Socrate , & repoussait de l'autre l'esclave qui voulait le rendre à sa mère ; il appellait à son secours tous les Philoso- phes , chacun par leur nom ; & ceux ci pleuraient, au lieu de lui répondre : le Sage termina enfin un fpectacle qui commençait à trop l'attendrir, & portant l'enfant dans les bras de Platon : " Mon ami, " lui dit-il, je te lègue mon fils ; tu lui " ferviras de père ; & s'il te reffemble, il " ne perdra rien par mon fupplice. "

Platon fortit un moment, remit ce dépôt facré à Xantippe, & rentra dans la prifon.

Cependant le grand facrifice était fur le point de fe confommer ; le fatellite des Onze s'approche en filence, tenant en main la coupe de ciguë : —" Je t'en- " tends, dit Socrate, il faut mourir, " mon ami, donne cette coupe ; c'eft " celle de l'immortalité ".

Tous les amis du Sage avaient l'œil fixé fur lui ; ils refpiraient à peine ; le froid vifage de Philoxène commençait même à s'animer : deja Socrate approchait de fes lèvres la coupe fatale ; tout-à-coup on entend un grand bruit dans le veftibule de la prifon ; la porte s'ouvre, & Criton

paraît, l'air serein, & venant annoncer
au Sage, que les gardes sont gagnés ; qu'il
peut partir sans danger, & qu'il lui a mé-
nagé un asyle, contre les Fanatiques, au
fond de la Thessalie.

CRITON.

Socrate, je viens épargner des remords
à la patrie : tu es libre ; l'or que j'ai semé
avec succès, t'ouvre tous les passages, &
tu peux vivre désormais, sinon pour
Athènes, du moins pour le genre humain.

SOCRATE.

Ami cruel ! pourquoi viens-tu flétrir
les derniers momens de mon existence ?
As-tu le pouvoir de m'empêcher de
mourir ?

CRITON.

Meurs, s'il le faut ; mais que ce soit
en héros, sur le champ de bataille, &
non comme un vil scélérat, dans l'obscurité d'une prison.

SOCRATE.

Eh qu'importe si je sers la patrie par ma mort, que ce soit dans ses armées ou dans ses cachots ? C'est à elle à marquer à chaque citoyen son poste ; celui de Léonidas était aux Thermopyles, le mien est dans cette prison.

CRITON.

Quoi Socrate ! tu ne crains pas de voir ta réputation flétrie par l'opprobre de ton supplice ? Vois la calomnie graver tes délits imaginaires sur l'airain de ta tombe, les loix les appuyer, & la postérité y croire.

SOCRATE.

Non, Criton, la postérité ne me croira pas vil, parce que j'ai bu la ciguë : mes amis me restent ; mon ame toute entière respire en eux ; ils rendront le nom de Philosophe respectable aux descendans des hommes faibles qui m'ont opprimé ;

les générations futures s'éclaireront, & je serai vengé.

C R I T O N.

Homme céleste ! & c'est toi qui rends mon amitié inutile ! c'est toi qui refuses de vivre !

S O C R A T E.

Criton, je n'ai point le stupide courage de franchir, sans motifs, les barrières de la vie ; s'il m'était permis d'exister encore, je saurais prolonger ma carrière ; mais la patrie m'a ordonné de cesser d'être, je lui obéirai ; — avant une heure je ne serai plus.

La patrie … ! je la crois voir pénétrer sous les murs lugubres de cette prison ; je crois l'entendre dire à Criton : *Téméraire ! qui t'a établi juge entre Socrate & moi ? Est-ce en se couvrant du masque de la corruption, que le Philosophe doit émousser le glaive de la loi ? Reprends cet or, dont l'usage t'avilit, & songe que tu ne peux prononcer sur un accusé que je condamne, sans que j'aie à-la-fois deux coupables à punir.*

CRITON.

Socrate, ta vertu m'écrase.... bois ta ciguë.... pour moi, il ne me reste qu'à mourir.

***

Un profond silence régnait, pendant cette scène, au sein de la prison. Le satellite des Onze, qui s'était retiré pour en voir le dénouement, sentant le besoin qu'on avait de son ministère, se rapproche ; Socrate reprend la coupe, jette un regard d'attendrissement sur ses amis, & avale, d'un seul trait, le breuvage.

L'art des poisons n'était point alors perfectionné : ce ne fut que plusieurs siècles après, que l'assassin de Britannicus apprit de Locuste à ne mettre que l'intervalle d'un instant entre la vie & la mort : pour Socrate, il fut obligé de marcher long-tems, afin que le breuvage fatal fît son effet : pendant qu'il se promenait , il allait confoler , l'un après l'autre , tous les Philofophes : *Non , difait-il à Platon , je ne fens pas encore le mal qu'Anitus me fait.* — *Mon ancien ami , difait il à Criton , on ne meurt pas fi heureux fur un champ de bataille ;* — enfuite , s'adreffant à Philoxène : *Crois-tu que j'aurais quelque courage , fi Dieu ne me regardait pas ?*

Cependant , les jambes de Socrate commençaient à s'engourdir ; il fe traîna vers fon lit , & là , il parla de l'immortalité , jufqu'à ce que fa voix acheva de s'éteindre ; après un inftant de léthargie , *Platon ,* dit-il d'une voix mourante , *je ne te vois plus ; je voudrais t'entendre.* Platon , dont la refpiration était oppreffée par fes fanglots , ne put que lui ferrer la main ; Cébès vint , après lui , baifer cette main glacée : le Sage ouvrit les yeux : *Je fuis plus près ,* dit-il , *de Dieu , que des hommes :* ce furent fes derniers mots : il eut alors un mouvement convulfif , & à l'inftant il expira.

Criton s'approche du lir, ferre avec fureur le corps de fon ami, & voyant que fes larmes frivoles n'inondent qu'un cadavre, il fe livre de nouveau à toute l'impétuofité de fon emportement : » Athènes, s'écrie-t-il, voilà donc » comme tu traites les Sages dont tu » t'honores ! Eh, que m'importent tes » loix, fi elles ne me protègent qu'en » écrafant tout ce qui m'éclaire ? Puiffent » tes Prêtres fanatiques être enfevelis » un jour fous les débris de leurs tem- » ples ! Puiffe l'Enfer engloutir tes Juges » & ton Aréopage ! Je vais fecouer la » pouffière de cette terre criminelle que » je foule avec un Anitus ; la Perfe » me tend les bras, & j'y vole. Le » defpotifme des defcendans de Xer- » xès m'effraie moins que celui d'une » République qui a affaffiné Socrate «.

Philoxène fe retira le dernier : *J'avoue, dit-il, que l'adorateur d'un Dieu peut être un grand homme.*

Ainfi mourut Socrate à l'âge de foixante

& dix ans. La Chronique de Paros a eu
foin de tranfmettre aux fiècles l'époque
de cet évènement mémorable : elle tombe
à l'an 1182 de cette Ere, qui répond à
la première année de la 95e Olympiade.

Socrate n'était plus, & le Fanatifme
n'était pas encore défarmé. Platon,
Criton & le refte de l'Académie, me-
nacés par Anitus, prévinrent leur prof-
cription, & fecouèrent la pouffière d'une
terre qui dévorait fes Sages : la maifon
d'Euclide, dans Mégare, devint leur
afyle ; c'eft - là qu'ils attendirent, en
filence, qu'Athènes reconnût le vuide
que laiffe dans tout Gouvernement la
mort d'un grand homme.

Le retour de la raifon fut auffi rapide
que l'explofion du fanatifme. Ce fut la
repréfentation du Palamède d'Euripide,
qui fembla l'amener (*a*), & c'eft un phé-

(*a*) Le Palamède eft une œuvre pofthume
d'Euripide. Ce grand Poète était mort, fuivant

nomène affez fingulier, qu'une comédie ayant préparé la mort de Socrate, une tragédie ait fait naître fon apothéofe. Palamède eft un héros que nous avons vu, dans l'hiftoire du fiége de Troye, victime de la plus noire calomnie. Lorf-que l'Acteur, dans le dénouement de la pièce, vint à déclamer ce vers d'Euripide,

Au plus jufte des Grecs, vous arrachez la vie.

le peuple, ému, reconnut le Sage qu'elle venait de perdre, & fondit en larmes; l'Archonte, qui craignait les fuites de cette fenfibilité généreufe, défendit, alors, de prononcer, en public, le nom de Socrate.

Ce nom facré était dans tous les cœurs, &, malgré la défenfe des Magiftrats, il continua à être dans toutes les bouches. Peu à peu les efprits s'échauffèrent, &

---

les marbres, l'an 1175 de l'Ere d'Athènes, c'eft-à-dire fept ans avant le fupplice de Socrate.

un deuil général, dans Athènes, y annonça le réveil des loix & le retour des lumières ; le gymnase fut fermé, le théâtre devint désert, & tous les exercices furent interrompus. C'est alors que le peuple, revenu de ses anciens préjugés, demanda compte, au fanatisme, du sang innocent qu'il avait fait répandre.

Comme le Sénat, par une fausse honte, tardait à revenir sur ses pas, le peuple commença à se faire justice, en employant, contre les calomniateurs de Socrate, les seules armes que le despotisme ne pouvait lui ôter, c'est-à-dire, en dévouant ces hommes vils à l'infamie. Les détails de cette révolution mémorable, nous ont été transmis par Plutarque (*a*). Ce Philosophe observe, que tous les citoyens, qui avaient trempé dans le complot de Mélitus, devinrent des objets d'horreur ; on leur refusait le feu & l'eau ; s'ils fai-

***

(*a*) *Opera Moral.* de invid. & odio.

faient des queftions, on dédaignait de leur répondre ; quand on les voyait aux bains publics, on ordonnait aux efclaves de jetter au loin l'eau dont ils s'étaient fervi, comme fouillée par leur attouchement. Cette efpè e d'excommunication fut fi fenfible à ceux dont l'ame n'était pas tout à-fait inacceffible aux remords, que, de défefpoir, ils terminèrent leurs jours par le fuicide.

La vengeance tomba enfuite fur les chefs. Le Gouvernement, ayant revu le procès de Socrate, reconnut qu'on avait furpris fa religion, & il eut le courage d'en faire l'aveu ; alors il prononça la peine de l'exil contre les principaux fanatiques qui avaient ourdi cette trame odieufe, & il envoya Mélitus, le chef des dénonciateurs, au fupplice.

Anitus n'attendit pas que l'orage éclatât, pour y dérober fa tête : il fe fauva à Héraclée, fur les rives du Pont-Euxin ; mais, le jour même où il entra dans la ville, les Magiftrats, par un décret pu-

Hic, l'en chassèrent. Suivant une autre tradition (a), ce fut le peuple qui, dans le premier mouvement de son indignation, prévenant la vengeance des loix, assomma, à coups de pierres, le calomniateur de Socrate.

Athènes acheva d'expier son crime, en ordonnant à Lysippe, le premier de ses Sculpteurs, de faire respirer, en bronze, le grand homme dont il ne lui restait plus que la cendre & la mémoire. La statue fut faite, & érigée dans un édifice public. Non contente d'un pareil monument, la République voulut éterniser ses regrets, par une espèce d'apothéose: elle bâtit, sur le chemin qui conduit au Pirée, une petite basilique, qu'elle nomma le Socration, ou la chapelle de Socrate. Mais le trait le plus fait pour consoler ses mânes, c'est que, graces aux longs remords de sa patrie, le fanatisme vit en lui la dernière de ses victimes.

____

(a) *Themist.* Orat. 1.

CONSIDÉRATIONS

SUR

LA RELIGION DES GRECS (*a*).

LE plus sage des Grecs, immolé au fanatisme, nous conduit tout naturellement à examiner la religion qui amena ce crime mémorable de l'intolérance.

(*a*) Il ne s'agit point ici de détails arides de nomenclature sur la Mythologie Grecque : on trouvera, le peu qu'il importe d'en savoir, à la suite des Fastes de la Grèce, qui terminent cette Histoire.

Ces considérations philosophiques sur la Religion, ne sont que le développement & le résultat des principes que nous avons posés au tome IV de cet Ouvrage, dans le *Tableau des mœurs, des loix & de la civilisation de la Grèce, à l'époque de l'invasion des Héraclides.*

Nous ne nous propofons point ici de débrouiller le cahos de l'ancienne Mythologie ; l'examen critique de tous les fyftêmes que les Dieux d'Homère & d'Héfiode ont fait naître , entraînerait feul plus de volumes que notre Hiftoire de la Grèce.

La Mythologie Grecque n'a jamais formé un enfemble régulier , que pour les modernes qui en ont fait l'objet de leurs fpéculations philofophiques. C'eft une efpèce de mofaïque, dont les pièces de rapport, s'étant trouvées fufceptibles d'une foule de combinaifons , ont produit , dans les têtes exaltées de nos Savans, les deffins les plus variés & les plus contradictoires. L'un a fait, des contes religieux fur Saturne , fur Vulcain & fur Bellérophon , la clef de l'hiftoire d'Athènes & de Lacédémone ; l'autre , qui crée un ciel avec des cubes, comme Defcartes , tout en arrangeant fon monde primitif imaginaire, n'a vu , dans le tableau entier de l'Olympe , que d'éternelles allégories. Tout récemment un Profeſſeur, non de l'Ecole de Socrate, mais de l'Univerſité de Paris, a calculé que les Dieux de la Légende Grecque, n'étaient autre choſe que les phaſes des planètes : on ſait que, pour les Alchy-miſtes, cette charmante Mythologie n'eſt que le dépôt caché du grand-œuvre.

J'ai eu la patience de lire le recueil immenſe de toutes ces rêveries allégo-riques, aſtronomiques, alchymiques, & je n'y ai vu qu'une imagination brillante qui ſe joue des faits, ou le travail pé-nible d'un ſavant de bonne foi, qui s'amuſe à déchiffrer des énigmes.

Tous ces ſyſtêmes s'écroulent par leur baſe, parce qu'ils ſont fondés ſur l'idée chimérique d'une ordonnance régulière dans la Mythologie, tandis que tous les monumens hiſtoriques démontrent que ce grand édifice religieux a été deux mille ans à ſe conſtruire, d'après les idées diſparates des hommes d'Etat, des Théologiens & des Philoſophes.

Une autre erreur non moins importante de tous nos ingénieux commentateurs d'Ovide & d'Héfiode, eft d'avoir généralifé, en Mythologie, toutes les exceptions individuelles ; affurément il y a eu des héros Grecs, dont la reconnoiffance populaire a fait des Dieux ; nous avons eu foin de l'obferver dans la vie des Théfée & des Hercule, des Perfée & des Bellérophon ; mais il ne faut pas en conclure que l'hiftoire de l'Olympe eft celle d'Argos, de Sparte, ou d'Athènes. Homère a perfonnifié quelquefois la nature, pour animer les tableaux muets qu'elle nous préfente ; mais c'eft le comble du délire, de prétendre que le Péloponèfe n'a jamais adoré que des allégories. Il y a eu des afpects du ciel, qui ont pu fournir des cycles aux Aftronomes ; mais c'eft fe jouer de la crédulité humaine, que de faire dériver la Légende Grecque, des calculs des Newton du monde primitif. Pour le grand-œuvre, il ne faut pas en parler ;

car on fait que les adeptes le trouvent par-tout, comme il eft évident qu'il n'eft nulle part.

Abandonnons tous ces romans fcientifiques aux Bibliographes, &, fans nous écarter de la Grèce, lions, par quelques idées fimples, l'hiftoire philofophique de fa religion.

Les Grecs des âges primitifs eurent, comme nous l'avons déja indiqué, le culte de cet enfant bien organifé, qui, lorfque fa raifon s'éveille, demande fon père à toute la nature, & que le filence de cette nature muette amène aux pieds de l'Ordonnateur des mondes.

Ce culte, qui confifte à fe lier, par la reconnoiffance, à la tige des êtres, &, par la juftice, à fes branches ; ce culte, dis-je, fi fublime dans fa fimplicité, fubfifta jufqu'à ce que les navigateurs de l'Orient vinrent le mélanger avec toutes leurs fuperftitions hétérogènes, & formèrent ce cahos abfurde & riant, qu'on nomme la Mythologie.

Ce théïfme fut donc la religion primitive des Grecs, & quand même la raifon ne le dirait pas, les monumens viendraient l'attefter; on en voit le germe dans tous les livres qui nous reftent du beau fiècle d'Alexandre (*a*). Quelques Ecrivains ont fait plus, ils ont attefté que, dans l'âge d'or du Péloponèfe, les Prêtres eux-mêmes étaient Théïftes. Lorfqu'enfuite il fut de leur intérêt d'écarter les hommes du fentier de la nature, ils ne purent empêcher les Philofophes de perfifter dans le culte de la raifon; nous avons vu l'hiftoire des chaînes d'Anaxagore, & de la mort de Socrate.

La légiflation primitive de la Grèce avait tellement le théïfme pour bafe, que, dans la célèbre chronique de Paros, on ne voit pas une feule fuperftition citée

---

(*a*) Lactance lui-même, malgré fes préjugés, rend hommage au théïfme des Orphée, des Thalès, des Pythagore, des Cléante, des Zénon & des Anaximène. Voy. *de falfâ Relig. cap.* 5

avec éloge ; l'homme d'Etat qui l'a ré-
digée, parle toujours de Dieu en Philofophe.

L'homme qui ne parlait que d'après
les Prêtres, pouvait charger d'offrandes
les autels de Saturne, qui mutile fon
père, de Jupiter, qui enlève Ganymède,
ou de Mars, qui fe laiffe furprendre,
avec Vénus, dans les filets de Vulcain;
mais tout ce qu'il y avait de grand au
Lycée & dans l'Aréopage, ne croyait
qu'au Théos, c'eft-à-dire, à l'Ordonnateur des mondes. Le Philofophe allait
dans les temples, pour ne point infulter
au culte populaire ; mais il ne voyait,
dans Saturne, que le tems, dans Cerès,
que la matière, dans Jupiter, que l'efprit générateur : tout ce qui rappellait
au vulgaire des attentats divinifés, n'of-
frait, aux regards des fages, que l'emblême ingénieux du pouvoir de la nature.

Franchiffons, par la penfée, l'intervalle des âges, & voyons par quelle gra-

dation ce théifme primitif s'eft dénaturé, au point de devenir la plus abfurde, & quelquefois la plus intolérante des religions.

La Grèce, par fa pofition heureufe au milieu des mers, & aux limites des trois Mondes connus des Anciens, fe trouvait l'entrepôt de tous les navigateurs de l'univers. L'Orient, à qui elle devait originairement fa population & fon théifme, commença cette dégradation ; à mefure que la métropole pervertit fon culte, elle pervertit auffi celui de fes colonies. Comme les Phéniciens, les Syriens & les Chaldéens, à cette époque, avaient fait de grands progrès dans la civilifation, les Grecs, encore barbares, étonnés des lumières de ces Orientaux, fe laifsèrent aller à adopter toutes leurs fuperftitions ; ils eurent la bonhommie de croire que là où la politique étoit perfectionnée, fe trouvoit auffi la meilleure des religions.

La révolution fe fit d'autant plus rapidement, que les vaisseaux Phéniciens, Syriens ou Chaldéens, n'étaient pas, d'ordinaire, montés par des Philosophes ; c'étaient des devins, des chefs de pirates, & quelquefois de simples matelots, qui interprétaient, aux Grecs, la Théologie Orientale : ces hommes durs n'étaient pas faits pour donner, à une multitude avide de nouveautés, une idée douce & riante du Père de la nature.

Le concours de toutes les superstitions possibles, apportées par les navigateurs de l'Asie, de l'Afrique & de l'Europe, fit insensiblement, du culte des Grecs, un cahos de contradictions & d'extravagances. Il est certain que tous les Dieux étrangers se naturalisèrent dans le Péloponèse : il mit à la tête de sa Légende sacrée, le Jupiter & le Saturne des Atlantes ; l'Atlas de la Lybie s'y joignit ensuite ; l'Osiris de l'Egypte devint son Bachus, l'Astarte des Phéniciens, sa Minerve, le Génie du feu, adoré par les Perses, son Vulcain. Les Grecs avaient si peur de laisser sans culte un habitant de l'Olympe, qu'ils divinisèrent jusqu'à des phantômes : on connaît l'autel érigé au *Dieu inconnu*, dans la patrie des Solon & des Miltiade.

La religion Grecque commença à devenir intolérante par les Dieux Egyptiens, que Cécrops apporta dans le Péloponèse : ces Dieux, nés dans un climat où la nature ne se montrait que comme une marâtre, servis, dans leurs temples, par des Prêtres amis du sang, autorisés, dans l'Etat, par des Despotes qui ne savaient imprimer que l'effroi ; ces Dieux, dis-je, les tyrans du ciel & de la terre, retinrent quelque tems, dans leur barbarie, ces mêmes Grecs, qu'un climat riant, des mœurs douces, une Monarchie paternelle, faisaient tendre, d'un autre côté, à la civilisation. Cette lutte d'une religion féroce contre des principes naturels de tolérance, caractérise particuliérement les siècles qui suivirent l'invasion des Héraclides.

Il eſt heureux pour la Grèce, que ſes mœurs douces n'aient pas ſuccombé dans cette longue lutte contre une religion atroce ; car toutes ces Divinités Orientales, mères de la Mythologie Grecque, ne marchaient qu'avec le cortège effrayant du deſpotiſme & du fanatiſme, c'étaient, ainſi que nous l'avons déja obſervé, des Génies du mal, qui n'attiraient les hommages que pour repouſſer la reconnaiſſance ; ils légitimaient les aſſaſſinats ; ils conduiſaient un père crédule à l'autel où l'on devait égorger ſa fille ; ils puniſſaient, par la famine & par la peſte, des peuples pacifiques, des attentats de leurs Monarques : l'homme ſenſible, en s'entourant de pareilles idées religieuſes, tendait, malgré lui, ou à devenir tout-à-fait féroce, ou à blaſphémer le nom ſacré de l'Ordonnateur des mondes.

Les Grecs dûrent, en grande partie, leur retour à une religion plus humaine, & par conſéquent plus vraie, à deux eſpèces de Légiſlateurs , bien peu faits pour ſympathiſer enſemble , les Poètes & les Philoſophes.

Les Poètes commencèrent l'ouvrage ; leur imagination brillante cherchait à ſe répandre ; ils avaient beſoin de chanter les objets du culte public , & ils adreſ-ſaient d'abord leurs hommages aux Dieux des Prêtres. Leurs regards ſe fatiguèrent bientôt , en ſe repoſant ſur des tableaux de ſang qui repouſſaient leur douce ſen-ſibilité ; alors , ils chantèrent la nature ; tout s'anima , à l'inſtant , ſous les cordes flexibles de leur lyre ; ils prêtèrent leur intelligence à tous les objets qui par-laient à leurs ſens , & le monde entier fut vivifié.

Jamais le bon goût ne ſervit mieux la morale , que quand il ſubſtitua au culte féroce des Calchas , le culte riant des Orphée , des Muſée & des Héſiode ; tout , il eſt vrai , devint Dieu ſous leur plume enchantereſſe ; mais , du moins , les Grecs , en ſe prêtant à cette idolatrie, ne ceſsèrent pas d'être hommes : la nouvelle religion, toute abſurde qu'elle pouvait paraître à une raiſon perfectionnée, avait l'ineſtimable avantage d'adoucir les mœurs, & d'éloigner les images odieuſes de la tyrannie. Eh quel mal, en effet, pouvait faire, à la terre, cette charmante Mythologie ! ce Dieu d'un fleuve, penché mollement ſur ſon urne, & environné de roſeaux, cette Amphitrite volant, avec ſes Néréides, ſur la ſurface des mers, ce Zéphir qui agitait, de ſes aîles embaumées, une tranquille atmoſphère, étaient inacceſſibles au fanatiſme. Les Nayades des fontaines, les Nymphes des bois, & les Graces, ne commandent pas, au nom du Ciel, des aſſaſſinats : un Prêtre ne peut faire couler, ſur les autels, le ſang des Iphigénies, quand il n'eſt que le Miniſtre de cette Iris qui déploie, ſur ſon écharpe, les couleurs de l'arc-en-ciel, ou de cette Déeſſe de la beauté, qui recèle le plaiſir dans ſa ceinture.

Il est probable que les Calchas, &
tous ces Vice-Rois farouches des tyrans
de l'Olympe, se révoltèrent d'abord
contre une innovation religieuse, qui
tendait à diminuer le nombre de leurs
victimes : ils représentèrent les Poëtes
comme les ennemis des Dieux, & quelquefois ils réussirent à les punir d'avoir
éclairé leur fanatisme : cet Orphée, qui
fut déchiré par les Bachantes, était évidemment un martyr de la nouvelle religion.

Une des grandes ressources des Prêtres,
pour retarder les progrès de cette Mythologie pacifique, qui allait envahissant la
Monarchie universelle, fut de faire parler
les Oracles ; le stratagême religieux eut
d'abord tout le succès qu'on pouvait en
attendre ; le Devin consacré au culte de
Jupiter Ammon, la Pythie de Delphes,
le Charlatan sacré, qui effrayait le peuple
dans l'antre de Trophonius, parlèrent,
en maîtres, à des Rois crédules, & leur
ordonnèrent de veiller au maintien de

l'ancienne Théologie ; mais la révolution qui se fit dans les Gouvernemens, entraîna peu à peu la chûte des Oracles : les Républiques naquirent, & des hommes fiers, qui avaient secoué le joug des Monarques, ne voulurent pas devenir les esclaves des Prêtres ; comme le cours de la nature n'en parut pas interrompu, les yeux aguerris des Grecs se portèrent après, sur les supercheries du sanctuaire : on vit que, sans l'imagination exaltée des Pythies, & la crédulité de ceux qui les consultaient, il n'y aurait plus de merveilleux dans leurs réponses ; on opposa les faits aux prophéties, & on s'apperçut que, d'ordinaire, ils étaient contradictoires : tout ce grand appareil, imaginé par la superstition, pour faire croire que le Ministre des Dieux lisait dans l'avenir, se réduisit donc, quand il n'était pas évidemment un imposteur, à des calculs sur les probabilités, qui ne sont point inaccessibles à la prudence humaine : de ce moment, il n'y eut plus de partisans des

Oracles, que parmi le peuple, ou parmi les corps politiques, qui, attachés aux anciennes formes, cessent rarement d'être peuple eux-mêmes, sur-tout quand ils sont assemblés.

La Raison, en s'étendant dans la Grèce, alla quelquefois éclairer, de ses rayons, jusqu'aux Prophètes du temple de Delphes, & de l'antre de Trophonius. Nous avons vu, dans l'histoire d'Athènes, une Pythie refuser de maudire Alcibiade; une autre, plus hardie encore, prononça que l'ennemi des Prêtres, le grand Socrate, était le plus sage des hommes.

Une autre cause contribua encore à empêcher la Mythologie de succomber dans sa lutte avec la Théologie. Les Prêtres, dans l'origine de leurs querelles avec les Poètes, avaient menacé les peuples, qu'ils voyaient avides de nouveautés, du courroux des Dieux. Quelquefois le hasard avait concouru à donner du poids à leurs menaces; des famines, des épidémies avaient ravagé le Péloponèse,

& la multitude tremblante était venue
se prosterner, de nouveau, devant les
Dieux féroces du fanatisme : dans la
suite, la Physique fit des progrès. De
bons esprits accoutumèrent le peuple à
ne point voir, dans les phénomènes ordinaires de la nature, les signes du courroux
céleste. Les expiations cruelles cessèrent,
& on relégua le culte sanguinaire des
Diane & des Saturne chez les Sauvages
de la Tauride, ou dans le repaire des
tigres sacrés de Carthage.

C'est à cette époque que le Philosophe
partagea, avec le Poète, le privilége de
donner une religion à son pays. Son plan
était admirable : il s'agissait de donner
une clef à la Mythologie, & de détruire
une Théologie atroce, ou du moins de
la réconcilier avec la Morale.

La clef que le Philosophe trouva à la
Mythologie, était bien faite pour en
pallier toutes les absurdités : il posa pour
principe l'unité d'un Dieu Ordonnateur
des mondes, & quant à cette foule de

génies secondaires, dont les Poètes avaient peuplé l'Univers, il les fit regarder comme l'emblême ingénieux des attributs de l'Etre suprême : Apollon désigna l'harmonie de ses loix, Minerve sa sagesse, Vénus son pouvoir générateur : c'était sa providence modifiée qui vivifiait la terre sous le nom de Cérès, les abîmes, sous celui de Pluton (a), & les mers, sous ceux de Neptune & d'Amphitrite.

De-là, le Philosophe parcourut le

______

(a) Je me sers de l'expression consacrée chez les Historiens Philosophes de l'antiquité, plutôt que des enfers, qui ne leur présentaient qu'une idée vague. Pausanias, en parlant du cap de Tenare, célèbre chez les Poètes Grecs, à cause de la grotte qui avait servi à Hercule, pour emmener le Cerbère, dit en propres termes : ʺ Une pareille tradition doit être rejettée : car, ʺ outre que, dans cette grotte, il n'y a aucun ʺ souterrein, il n'est pas vraisemblable qu'un ʺ Dieu tienne son empire sous terre, & que ʺ les ames humaines s'attroupent, après la mort, ʺ dans ces vastes abîmes ʺ. Lib. 3, cap. 25.

champ de l'histoire, & rendit, à la
Terre, la plûpart des héros que la superstition sacerdotale avait logés dans
l'Olympe : il prouva que le nom de fils
de Jupiter, dont ils s'énorgueillissaient,
ne signifiait pas, dans les langues origi-
nales, qu'ils étaient nés de l'Etre suprême, mais seulement qu'ils en étaient
chéris : cette interprétation, en admettant
un intervalle immense entre Hercule &
l'Ordonnateur des mondes, réconcilia
un peu la Raison avec les Apothéoses.

Quelques Sceptiques allèrent encore
plus loin. Ils prétendirent que les Dieux
de la première classe, ces Dieux, l'emblême des attributs de l'Etre suprême,
n'étaient eux-mêmes, dans l'origine, que
des héros divinisés. Tel fut, en particulier,
le système d'Evhémère, que les bons
esprits rejettèrent, parce que s'il enchaî-
nait le fanatisme, c'était pour lui substituer
la doctrine désolante des Athées, & pour
ravir à la Nature le père des hommes.

Tel était l'état de la Religion Grecque

vers le siècle de Périclès. Les Prêtres, cir-
conscrits de tout côté par les Poëtes, qui
expliquaient leurs fables, & par les Philosophes, qui éclairaient leurs impostures,
ne soutenaient plus leur crédit chancelant,
qu'avec de frivoles anathêmes. Cependant, le machiavélisme qui avait servi,
dans les siècles antérieurs, à les rendre,
sous le nom des Dieux, les Vice-Rois
de la Grèce, ne les quitta pas dans l'âge
des lumières ; ils profitèrent habilement
des orages politiques du Gouvernement
républicain, pour exercer, sans danger,
leur vengeance : c'est ainsi qu'Alcibiade
& Socrate les ayant travestis eux & leurs
phantômes de divinités en ridicule,
tant qu'ils virent ces grands hommes
honorés, ils gardèrent, en frémissant,
le silence terrible de la haine réunie à
l'impuissance ; mais dès qu'Athènes fut
divisée, ils firent une confédération se-
crette avec tous les ambitieux subalternes,
naturellement ennemis des talens qu'ils
n'avaient pas ; du fond de leurs temples,

ils échauffèrent les esprits dans la place publique ; & tous les fils de la trame étant adroitement disposés, ils prirent le poignard des mains de l'homme d'Etat, pour que la Religion frappât ses victimes.

Heureusement pour la Grèce, le triomphe du fanatisme amena sa destruction. Les Gouvernemens, éclairés sur leurs vrais intérêts, arrachèrent, aux Prêtres, les restes d'un pouvoir dont ils avaient assez abusé, pour faire mourir Socrate : la Religion, en s'épurant, se trouva circonscrite dans ses justes limites : on abandonna aux Poètes, aux Peintres & aux Sculpteurs, les fables ingénieuses de la Mythologie, & la Morale devint le domaine du Philosophe.

D E

L'EPIRE et DE PYRRHUS II,

LE HÉROS DE CETTE

MONARCHIE.

LA Macédoine, déformais, va occuper nos regards, jufqu'à la fin de cette Hiftoire; c'eft de fon fein que fortirent les deux Souverains, dont l'un achera la Grèce, & l'autre l'affervit; cependant avant de toucher à cette époque brillante, il faut, pour ne rien laiffer à defirer à la curiofité philofophique, jetter un coup-d'œil fur l'Epire, Puiffance voifine de la Macédoine; mais ce coup-d'œil ne fauroit être trop rapide, foit parce que cette Monarchie n'a joué aucun rôle dans les grands démêlés du Péloponèfe, foit parce

que Pyrrhus, le feul héros dont elle s'honore, n'eft vraiment digne d'être apprécié
par l'Hiftoire, que quand il fe trouve en
regard avec les Romains.

Pyrrhus I, fils d'Achille, eft le premier Roi connu de l'Epire (*a*). Nous
avons vu fes exploits guerriers au fiége
de Troye : c'était un homme de fang,
comme la plûpart des héros des fiècles
barbares. C'eft lui qui égorgea Priam,
qui précipita, du haut d'une tour, le
jeune Aftyanax, & qui immola, fur la
tombe de fon père, la malheureufe
Polyxène. Sa mort fut auffi cruelle que
fa vie ; étant venu à Delphes, lorfque
fa conquête de l'Epire était encore affez

(*a*) L'Epire, alors, était bornée au pays des
Moloffes. *Strab.* Geograph. lib. 7 : d'autres
provinces, telles que celles des Chaoniens &
des Thefprotes, étaient indépendantes. Thucy-
dide dit que de fon tems elles formaient encore
des Républiques, gouvernées par des Magiftrats
annuels. Voy. *Hiftor. bell. Pelopon.* lib. 2.

mal affermie, il y fut tué, suivant une tradition, par Oreste, fils d'Agamemnon, qui voulait le punir d'avoir épousé Hermione : un autre récit, qui a des garans respectables, donne un motif sacrilége au voyage de Pyrrhus : à le croire, ce Prince était venu piller le temple, & pendant qu'il était occupé de son brigandage, les Prêtres s'armèrent de poignards, sous leurs robes, & l'assassinèrent (a).

MOLOSSUS & PIELUS, tous deux fils d'Andromaque, régnèrent, l'un après l'autre, en Epire, mais sans que le reste de la Grèce s'en doutât. Ensuite, il y a un vuide dans l'histoire de cette Monarchie, jusqu'à l'avènement D'ADMÈTE, contemporain de Xerxès, qui, ayant à se plaindre de Thémistocle, & se trouvant maître de sa vie, eut la générosité de le protéger contre l'ingratitude d'Athènes & la haine des Perses.

(a) *Pausan.* in Bœot. *Scholiast.* Pind. ; *Euseb.* in Chronic.

Arymbas, fils d'Admète, fut élevé à Athènes, & y prit le goût des arts, qu'il transporta en Epire : mais comme ce terrein étranger n'était pas disposé à les recevoir, ils avortèrent dans leur germe. On met aussi Arymbas au rang des Législateurs de la Grèce.

Il y a encore un vuide, dans l'histoire de l'Epire, depuis Arymbas, jusqu'à un Alcète, qui, chassé par ses peuples, fut rétabli sur le trône par le premier Denys de Syracuse.

Arybas régna, dans l'Epire, d'abord en société avec son frère Néoptolème, & ensuite seul : il donna sa nièce Olympias en mariage à Philippe de Macédoine, & il en naquit le célèbre Alexandre.

Un autre Alexandre, qui, outre le nom, avait encore le courage de commun avec le héros de la Macédoine, remplaça Arybas sur le trône de l'Epire. Pendant que son neveu faisait la conquête de l'Orient, il tenta de subjuguer l'Occident, & il y aurait réussi, peut-être, si

la trahison n'était venu borner le cours
de ses exploits : le trait mérite d'être
rapporté, soit à cause de l'autorité des
Ecrivains de la Grèce & de Rome, qui
en sont les garants (*a*), soit parce qu'il
tient à l'histoire curieuse, mais suspecte
des Oracles.

Alexandre avait consulté, sur sa destinée, l'Oracle de Dodone, qui l'avait
prévenu de se défier de l'Achéron. Le
Monarque crédule s'exile alors de son
Royaume, à cause du fleuve de ce nom
qui y a son cours, & il vient porter la guerre
dans le sein de l'Italie. Siponte, Cosence,
Héraclée reçurent ses loix ; mais ayant
eu l'imprudence de choisir, pour sa garde,
deux cents des soldats de la Lucanie,
qu'il avait vaincus, il fut la victime de
l'injuste défiance qu'il avait témoignée à
ses peuples. La nouvelle cohorte trama

(*a*) *Diod. Sicul.* lib. 27 ; *Tit.-Liv.* lib. 8 ;
Oros. lib. 6.

un complot pour ôter la vie au Prince qu'elle avait juré de défendre. Alexandre, en ce moment, était en préfence d'une armée formidable ; inftruit du double péril, il choifit le plus digne de fon courage, fe fait jour, l'épée à la main, avec quelques bataillons d'élite, au travers des ennemis, tue lui-même un de leurs Généraux, & s'échappe contre toute efpérance. Après avoir traverfé une vafte forêt, fe voyant pourfuivi par des foldats, il fe jette, à cheval, dans un fleuve, dont le nom lui eft inconnu, & fe difpofe à le traverfer, en partie à gué, & en partie à la nage : pendant que ce Prince rompait les vagues, il entend une voix, fur le rivage, qui prononce, en le maudiffant, le mot de l'Achéron ; (il y avait, en effet, dans l'Italie, un fleuve de même nom que celui de l'Epire) : ce mot rappelle à Alexandre l'Oracle finiftre de Dodone, il fe retourne, & une flèche, lancée par un de fes gardes, l'atteint & lui ôte la vie. Il eft affez vraifemblable que cette anecdote a été arrangée, par les Prêtres de Dodone, après la mort d'Alexandre.

EACIDE, aimé d'abord de ses peuples, ensuite chassé, par eux, de ses Etats, enfin rapellé sur son trône, mais malgré toutes ces révolutions, toujours obscur, fut tué dans une bataille qu'il livra à Philippe, frère de Cassandre, Roi de Macédoine (a).

ALCÈTE II ne fut connu que par ses cruautés. Les Epirotes, peu accoutumés à un joug oppresseur, prirent les armes contre leur tyran, & le massacrèrent.

PYRRHUS II, ou le Grand (b), était fils d'Eacide, & pendant les mouvemens qui agitèrent l'Epire, il trouva un asyle dans la Cour de Glaucias, Roi d'Illyrie, à l'aide duquel il monta sur le trône de ses pères. A peine avait-il régné cinq ans, qu'il fut dépouillé de ses Etats par son grand - oncle Néoptolème : alors il se retira chez le fameux Démétrius Polio-

(a) *Diod. Sicul.* lib. 9.
(b) *Plutarch.* in Pyrh.

certe, qui avait épousé sa sœur Déidamie. C'est sous ce grand Capitaine qu'il apprit à vaincre cette Rome, qui marchait déja à grands pas à la conquête du Monde.

Ce fut une Bérénice, épouse d'un Ptolémée, qui, après avoir fait son gendre de ce célèbre exilé, lui fit rendre la couronne d'Epire. Le Prince, à la tête d'une armée Egyptienne, vainquit Néoptolème, &, généreux dans son triomphe, accorda, à son rival humilié, un appanage dans sa Monarchie. Le fruit de tant de grandeur d'ame, fut un complot, où le héros devait être empoisonné. Heureusement la conspiration se découvrit, & Néoptolème fut conduit au supplice.

Pyrrhus, d'un génie ardent & inquiet, & ne connaissant de héros qu'Achille & Alexandre, ne pouvait attacher de prix à la gloire paisible de rendre ses peuples heureux. Tout entier à sa rêverie brillante de la Monarchie universelle, il alla subjuguer la Macédoine, la Sicile & une partie de l'Italie, n'appesantissant jamais le joug des vaincus, grand dans ses victoires, & encore plus dans ses défaites, & justifiant, autant qu'il était en lui, aux yeux du Sage, la frénésie héroïque des conquêtes : mais tous ces grands évènemens ne sont à leur place que dans l'histoire de Rome, & dans celle de la Macédoine.

Pyrrhus, vaincu par la destinée de Rome, mais non désabusé de la gloire meurtrière des combats, entra dans le Péloponèse pour y donner des loix : Argos, dont une trahison l'avait rendu maître, fut le terme de ses exploits : il y eut une révolution dans la ville, une bataille sanglante se livra au milieu des décombres des maisons embrasées, & une femme Grecque, voyant son fils sur le point d'être percé par la javeline de Pyrrhus, lança, au héros, une tuile qui lui ôta la vie.

Toute l'antiquité a retenti de l'éloge de Pyrrhus. Les Romains, qui, dans leur système de vanité nationale, ne prodiguaient que malgré eux le titre de grand

PYRHUS.

homme à l'ennemi qui les avait vaincus, l'accordèrent à ce Roi d'Epire : Annibal faisait le plus grand cas de ses talens militaires : on fait que Scipion lui ayant demandé quel était, à son jugement, le plus grand des Capitaines, le héros de Carthage nomma d'abord Alexandre, ensuite Pyrrhus, & qu'il ne se donna à lui-même que la troisième place.

Il nous reste, du beau siècle des Grecs, une statue de Pyrrhus, avec tout le costume de son habillement militaire, qui mérite, à plus d'un titre, d'être conservée dans une Histoire des Hommes.

ALEXANDRE II, successeur du grand Pyrrhus, est connu par un ouvrage sur l'art de faire camper une armée, & de la ranger en bataille (a).

PTOLÉMÉE ne fit que passer, ainsi que PYRRHUS III; le dernier fut massacré par des rebelles d'Ambracie.

DEÏDAMIE, fille unique du dernier

______

(a) *Elian*, Var. Histor. lib. 2.

Pyrrhus, succéda à son trône ; mais un peuple guerrier n'était point fait pour obéir à une femme : il y eut une conspiration, & la Princesse s'étant sauvée dans un temple de Diane, y fut assassinée. Le scélérat qui exécuta ce grand crime, venait de tuer sa mère, & les conjurés, en faveur du régicide, lui pardonnèrent son parricide (a).

La révolution qui ôta la couronne à Déidamie, changea le Gouvernement de l'Epire. A cette époque, les villes abolirent la Monarchie, & choisirent des Préteurs annuels pour les gouverner. Malheureusement il n'y avait plus de nerf dans la nation, les Etats voisins profitèrent de ses discordes intestines, & le Royaume du grand Pyrrhus, dévasté & démembré, tomba bientôt sous le joug de l'Illyrie & de la Macédoine.

(a) *Polyen*, lib. 3 ; Déidamie mourut dans son lit, s'il en faut croire Pausanias.

Fin du Tome IX de l'Histoire de la Grèce.

TABLE

DES CHAPITRES

DU TOME NEUVIÈME

DE

L'HISTOIRE DE LA GRÈCE.

SUITE DE L'HISTOIRE DE LA GRÈCE.

Fin de la Table.

www.ingramcontent.com/pod-product-compliance
Lightning Source LLC
LaVergne TN
LVHW011942180726
843502LV00003B/864

9782329500294